모태솔로 탈출
작업의 정석

모태솔로 탈출
작업의 정석

초판 1쇄 발행일 2015년 3월 13일
초판 3쇄 발행일 2018년 1월 10일

지은이 Kenshin
펴낸이 양옥매
디자인 최원용
교 정 조준경

펴낸곳 도서출판 책과나무
출판등록 제2012-000376
주소 서울특별시 마포구 방울내로 79 이노빌딩 302호
대표전화 02.372.1537 **팩스** 02.372.1538
이메일 booknamu2007@naver.com
홈페이지 www.booknamu.com
ISBN 979-11-5776-028-2(03180)

이 도서의 국립중앙도서관 출판시도서목록(CIP)은 서지정보유통지원 시스템
홈페이지(http://seoji.nl.go.kr)와 국가자료공동목록시스템
(http://www.nl.go.kr/kolisnet)에서 이용하실 수 있습니다.
(CIP제어번호 : CIP2015007458)

모태솔로 탈출
작업의 정석

Kenshin 지음

책과나무

　이 책은 종합적인 유혹의 기술 전문서적이었던 〈Speed
Skill - 작업 예술가〉의 개정판이다. 개정을 하면서 대중들
과 더 친숙해지기 위해 제목을 〈모태솔로 탈출 작업의 정석
(유혹의 기술)〉으로 변경하였다.

　지금까지 남녀심리와 연애 또는 연인 사이에 대한 관련
서적은 많이 있었지만, 오직 유혹의 기술에 집중된 전문서
적은 없었다. 그래서 이 책은 연애와 연인 사이가 아닌 유
혹하는 단계에서 여자 심리와 대화를 통한 유혹의 기술과
데이트 기술을 수록하였다.

　연애에서의 대화는 상호작용이기도 하지만, 그것은 서로
좋아할 때의 이야기이다. 유혹에서 대화라는 것은 먼저 상

대방의 마음을 사로잡는 행위이기 때문에 내가 일방적으로 매력이 있고 말을 잘해야 하는 것이다.

흔히 여자의 말을 잘 들어 주어야 한다는 말들을 많이 하곤 한다. 하지만 연인 사이도 아닌데 유혹하는 단계에서 그녀의 말을 잘 들어 주었다가는 아무것도 이루어지지 않을 것이다. 이제부터는 책이나 이론만으로 터득한 정체불명의 잘못된 상식은 버렸으면 좋겠다.

이 책을 본 당신은 상당한 시간과 비용, 노력을 단축할 것이고, 특히 한국 여성에게 모든 초점을 맞추었기에 그 가치를 충분히 느낄 수 있을 것이다.

자유연애가 마치 시장경제의 경쟁체제처럼 더욱 치열해질 것이며 "연애 빈익빈 부익부" 현상이 될 것이다. 여자들의 삶의 질이나 경제수준이 높아지면서 이제는 연애의 새로운 시대를 맞이했지만, 남자들은 아직도 아버지 시대의 연애관과 연애방식만 고집하고 있기 때문이다.

따라서 연애에 있어 대화술과 여러 가지 기술들의 중요성이 더욱 높아질 것이기 때문에 그 기대에 부응하여 이 책을 세상에 내놓게 되었다.

contents

3부 언어의 연금술사

4부 선수들의 노하우

8부 유형별 실전예제 심화편

부록 실전 유혹기술서

경험이 풍부한 연애전문가는 여성이 어떤 반응과 행동, 계층과 나이 그리고 성격과 연애관을 가지고 있더라도 충분히 그녀의 허점과 약점을 파악하고, 그것을 최대한 활용하여 역으로 여성을 끌어당길 수 있다.

Speed Skill-

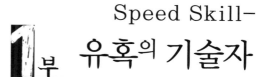

1부 유혹의 기술자

1장

작업 선수와 유혹자
핵심 노하우

먼저 유혹자가 되기 위해 알아 두어야 할 것이 두 가지 있다. 바로 '칼리브레이션(calibration)'과 '내추럴(natural)'이다.

'칼리브레이션(calibration)'이라는 말은 연애 기술의 관점에서 보았을 때 '여성을 유혹할 수 있는 그 어떤 장소에서 많은 시간과 경험을 통해 여성을 파악하고 유혹할 수 있는 능력으로 다듬어진 직관력 및 실력'을 의미한다.

수많은 여성을 만나고 경험하면서 얻는 능력으로, 어떠한 여성을 만나더라도 앞으로 할 행동이나 유혹의 진행방향을 알고 미리 예측하고 대응하는 것이다.

우리는 일상적으로 같은 남자를 상대할 때 이 사람이 어떤 사람인지 구분한다.

이것이 일종의 칼리브레이션(calibration)이다. 사회적 경험으로 상대를 파악하고, 그 사람이 어떤 사람인지를 알아내어 그것에 적절히 대응하고 경쟁에서 이기기 위한 것이다.

그러나 사회적으로 아주 노련하고 숙련된 남성이라도 여자를 대할 때는 그냥 '예쁜 여자'로만 생각한다. 그리고 그냥 '여자는 다 똑같고, 잘해 주고 자주 연락하면서 작업하면 된다.'라고 생각한다. 이것이 가장 큰 문제이다.

그래서 그녀에게 가장 먼저 파악해야 할 것이 두 가지가 있다.

하나, Who is she?
그녀가 어떤 여자인지를 먼저 파악하라!

보수적인지 개방적인지, 심성이 착한지 나쁜지, 기가 센지 약한지, 활동적인지 소극적인지를 파악하고 주량, 고향, 전공, 직업 등을 알아내어 어떤 타입의 여자인지를 나름대로 분석해야 한다. 그것을 호구조사 하듯 물어보는 것이 아니라 그녀의 비언어적 요소와 말투, 행동에서 조금씩 단서를 얻어 유추해 나가는 것이다.

또한 사소한 대화에서도 그녀의 말에 귀 기울여 듣고, 그녀가 어떤 생각을 가지고 있는지 주의 깊게 파악해야 한다.

그 가운데에서 나에 대해 어떻게 생각하는지를 알아내는 것이 가장 중요하다. 여성은 나에 대한 호감의 수준을 직접 표현하지 않지만, 말과 행동에서 드러나게 마련이므로 이를 객관적으로 파악하려고 노력해야 한다.

둘, Her ideal type is?
두 번째는 그녀의 이상형과 좋아하는 남자 취향을 파악하라!
그녀가 유머러스한 남자, 진지한 남자, 착한 남자, 매력 있고 멋진 남자, 부유한 남자, 강한 남자 등 여러 가지 유형의 남자 가운데 종합적으로 어떤 남자를 확실히 더 좋아하고 이상형인지를 파악하면 된다. 그리고 그 이상형에 맞게 나를 변신시키면 된다.

그리고 난 후 여자를 어떻게 공략할 것인지에 대한 전략을 세우고 변신을 해야 한다.

유혹에 있어 가장 안 좋은 방법은 "솔직한 내 있는 모습 그대로, 이런 '나'라도 이해해 주고, 받아 줄래?"라는 식인데, 이런 행동은 좁은 화살과녁에 조준을 하지 않고 대충 아무 곳이나 쏜 후 '제발 맞았으면…….'이라고 기도하는 것과 같다.

그래서 나는 칼리브레이션(calibration), 즉 상대 여성의 취향에 맞는 맞춤형 유혹이 가장 좋은 방법이라고 생각한다.

유형별 성향별
여성 유혹의 기술

* 이성적이고 도도해 남자들이 다가기 힘든 엘리트 여성은 특별한 의미와 특별한 자격을 부여해 주어야 한다.

주로 대기업이나 전문직 여성을 만나 보면 자신의 전문 분야의 능력을 칭찬해 주었을 때 특히나 기뻐하고 보람을 느끼는 것을 알 수 있었다. 자신이 좋은 직업이나 회사에 다니는 것도, 지난 몇 년간 재테크를 잘해 재력을 모았다는 것에도 큰 의미와 자격을 부여해 주면서 이렇게 얘기했다.

"우리 은비는 정말 대단해, 다른 여자들은 피부 관리할 때 우리 은비는 책임 있게 맡은 일을 성공시키고, 다른 여자들은 드라마 볼 때 경제학·회계학 공부해서 재테크하고 정말 대단한 것 같아. 1등 신붓감이야."

특정분야를 꼭 집어서 구체적으로 칭찬하고 능력을 인정해 주니, 더욱더 나에게 잘 보여야겠다는 사명감을 가졌고 나와 함께하는 미래를 꿈꾸었다.

*남을 쉽게 믿지 못하고 의심이 많은 여자는 과거의 상처를 껴안은 채 살아가고 있을 가능성이 크다.

이런 여자의 마음을 열고 싶다면 말이 아니라 행동으로 신뢰를 얻고 진지한 모습과 한결같은 모습을 보여 주는 것이 좋을 것이다. 물론 모든 여자들이 말과 행동을 다르게 하는 남자에게 좋은 점수를 주지는 않겠지만, 특히나 이런 여자에게는 더 점수를 따지 못할 것이다. 또한 무엇보다도 신뢰와 더불어 다정함을 강조하는 경향이 컸다.

모든 여자들이 웃어넘길 만한 농담에도 기분 상한 모습을 한 여성을 본 적이 있었는데, 예를 들어 "넌 영원히 내 거야. 항상 오빠만 봐야 돼."라고 얘기했을 때 어떤 이유에서 부정적 반응을 보인다면 이런 스타일의 농담을 계속하면 안 될 것이다.

"왜 다른 여자들은 '응, 알겠어. 난 오빠 거야.'라고 하는데, 이 여자만 오해를 하지?"라고 생각하지 말고, 그냥 "우리 앞으로 계속 친하게 지내자. 오빠가 더 잘해 줄게."라고 말을 바꾸면 되는 것이다.

*성격이 급하거나 기분파, 즉흥적인 여자는 만날 때마다 호감지수나 상황이 달라질 수 있다.

그녀가 그날 "Yes"를 했다고 해서 쉽사리 안심하면 안 된다. 관계를 시작하는 초반에는 종잡을 수 없는 그녀의 심리상태와 애정에 많이 힘들어질 수 있다.

그래서 그녀가 기분이 좋은 날에만 만나 호감지수를 상승시키고 우울한 기분을 호소하는 날에는 만나지 않는 편이 차라리 낫다.

연락할 때나 만났을 때 긍정적인 이미지와 태도, 특히 프레임을 계속 설정해야지, 괜히 기분 안 좋은 날에 만나거나 통화해서 다투면 안 된다. 안 좋은 기억을 남기고 나의 점수가 깎이고 그동안 유혹하고 투자했던 모든 것을 날려 버릴 수 있기 때문이다.

별나지만 무척이나 예쁘고 마음에 드는 그녀랑 최소한 진한 '썸'이라도 타고 끝내야 될 것이다. 그러니 부디 좋은 날, 잘되는 날만 기다리며 선택해서 치고 빠지는 식으로 계속 공략한다면 점점 친밀도가 쌓여서 때가 되었을 때 정복할 수 있을 것이다.

*연애를 많이 해 보고 나쁜 남자를 많이 만나 본 여자는 의외로 보수적이고 일관성 있는 남자를 좋아할 수 있다.

어릴 때부터 주위에 있는 남자들이랑 많이 놀아 보고 연애를 많이 해 본 여자들을 계속 지켜봐 왔지만, 그녀들이 최종적으로 선택하는 남자는 바로 변함없이 일관성 있게 애정과 호감을 주는 남자들 일명 '착한 남자'였다.

자신을 쉽게 생각한다거나 무시한다는 오해가 발생했을 때는 굉장히 민감하게 반응했으며 그동안의 모든 관계를 뒤집을 정도로 분노했다.

또한 만남의 정통성을 많이 생각하는데, 클럽이나 헌팅보다는 정통 한국식 연애의 시작이라고 말하는 '지인으로부터 우연한 기회나 소개로 알게 된 사이'와 같은 남들 보기에 멋진 만남을 매우 선호했다.

그래서 그러한 만남에 조금 더 경계심이 없어 유혹하기 편했는데, 그런 인연만이 정상적인 것이라고 생각하고 있었다.

어떠한 측면에서 보면, 이런 여성들이 연애에 있어서 남들에게 보이는 체면을 중시하거나 자신만의 기준으로 남자를 가장 까다롭게 선택한다고 볼 수 있다.

*매사에 부정적인 여자는 열등감이나 현재에 불만이 있을 가능성이 높다.

이런 여자에게는 오히려 설득이나 매수를 하기보다는 같이 부정에 동의를 하면서 장단을 맞춰 주는 것이 좋다.

상대방이 무엇에 열등감이나 부정적 기억이 있는지 대화를 통해 자연스럽게 파악하는 것도 좋다.

당신도 그녀처럼 그런 것에 열등감이나 부정적 기억이 있다는 것을 슬쩍 내비치는 것도 좋은 방법이다.

영화 〈내 아내의 모든 것〉을 보면, 평소 임수정의 약간 부정적이고 독특한 말투와 성격에 류승룡이 그녀와 코드를 맞추기 위해 놀이공원에서 대화하는 장면이 나온다. 여기서 그들은 이런 대화를 나눈다.

임수정: (공원으로 차를 타고 가면서) 뭐 먹고 싶어요?
류승룡: 김밥이요. 근데 단무지가 싫어요. 어떻게 음식이 형광색일 수 있죠? 단무지와 가지는 사람이 먹을 수 있는 것이 아니에요.
임수정: 게맛살의 형광 핑크색 있죠? 너무 가식적이야. 너무 맛있어 보이려고 애쓰는 거 같아요.

류승룡: 음, 정말 싫어요.

임수정: 진짜 싫어요.

류승룡: 전 죽도 싫어요.

임수정: 전 생것을 싫어해요.

류승룡: 저는 갑각류가 싫어요. 그냥 바다벌레잖아요. 바퀴벌레랑 뭐가 다르죠? 생식벌레 먹는 사람은 미개인 취급하면서.

임수정: 식용벌레 먹지 말라는 법 있나요?

류승룡: 바로 그거예요. 1차적인 편견을 깨고 나니깐 먹어지더라고요.

이 대화가 정말 교본 같으면서도 매우 좋은 예시인데, 그동안의 연애의 기술 관점에서는 여성을 만났을 때 긍정적인 프레임 "저도 그거 좋아하는데 정말 신기하네요."가 정석이나, 그녀의 취향에 맞추어 대화를 저렇게 이어 나갔다는 점에서 정말 좋은 예다.

남녀가 사실 서로 싫어하는 것을 말하면서 부정하는데, 따지고 보면 이 둘은 같이 좋아하는 것이 하나도 없지만 마지막에는 아이러니하게도 서로 공감하게 되고, 공통분모가 없는데도 동질감을 느끼고 좋은 분위기가 조성되면서 둘의 사이가 한층 더 더 가까워졌다.

이건 왜 그런 것일까? 맞을 확률이 떨어지는 작은 소재나 취미 주제가 아닌 큰 의미에서 바로 "우리 둘은 취향이 독특하고 남들보다 더 특이하다"에 류승룡이 포커스를 잡았기 때문이다.

그리고 그다음에 류승룡은 모래사장에 앉아 그녀의 감성을 자극한다. 한 주제로 오랫동안 '나는 이것도 싫어요.', '저도 싫어요.'라고 하면서 계속 얘기하면 당신도 싫어질 수 있고 역효과가 날 것이니, 화제 전환을 통해 분위기를 바꾸는 것이다.

3장

여성이 빠져드는
Sneak Talk 루틴

스닉토크(Sneak Talk)에서 '스닉'은 '빠져들다'라는 의미이다.

여성과 대화를 할 때, 말을 할수록 여자가 듣고 싶은 말, 즐거워하고 공감 가는 대화가 계속 될 때 점점 빠져드는 상황이 연출되었는데 이때가 가장 빨리 유혹이 잘되었다. 그래서 늘 이런 유형의 대화를 하고 더욱 발전시키게 되었다. 그리하여 원래는 없는 용어이지만, '빠져든다'라는 것이 가장 이상적이고 유혹에 어울리는 말이기에 '스닉토크'라고 부르게 되었다.

많은 여성들과 성공과 실패를 경험하면서, 어느 순간부터 여성들을 즐겁고 기분 좋게 대화에 참여시키고 유혹하면서 사랑을 얻기까지 늘 비슷한 상황과 분위기가 연출된다는 것을 깨달았다.

그래서 늘 성공하는 방식들을 적기 시작했고, 자연스럽게 '여성에게 잘 통하는 데이트 기술'이라는 것을 만들게 되었다.

스닉토크란 무엇인가?

여성을 점점 빠져들게 만든다는 것은 이미 〈픽업아티스트 연애의 기술〉에서도 언급했지만 여기서는 대화의 전반적인 관점에서 다루었다.

스닉토크를 위해서는 크게 세 가지 원리를 지켜야 한다.
첫째, 매너를 지켜야 하고,
둘째, 그녀가 좋아하는 소재로 즐거운 대화를 이끌어야 하며,
셋째, 여자가 진정 바라는 것을 알아야 한다.

이제 예시와 분석을 통해 하나하나 짚고 넘어가 보자.

하나, 매너를 지켜라.

처음 만난 여성에게 호구조사나 개인정보를 물어보는 것은 상당히 사무적이고 불쾌한 느낌을 줄 뿐만 아니라 여자들이 생각하는 '즐거운 대화'와는 거리가 멀다. 모든 남녀 사이에는 스닉토크의 첫 번째 단계인 '매너를 지키는 일'이 상당히 중요하다. 연인 사이라도 예외는 없다.

그럼, 저자가 말하는 매너에 대해 알아보자.

처음 만나서 깍듯이 인사하고 의자 빼 주고, 밥값과 술값을 계산해 주는, 그야말로 드라마에서나 나올 법한 매너를 이야기하는 게 아니다. 그리고 그런 것은 안 했으면 좋겠다.

실제로 그렇게 한다고 해도, 당신이 그녀와 잠자리를 하거나 남자 친구가 되는 것에는 그렇게 크게 작용하지 않을 것이다. 외국은 어떨지 모르지만, 한국에서 그렇게 한다면 당신은 유혹하기 더 힘들어질 수도 있고, 밥값, 술값만 계산해 주는 사람으로만 보일 가능성도 높아진다.

항상 말하지만, 사람의 마음과 성향은 기계가 아니니 항상 모두라고 말할 수는 없다.

앞에서 언급했듯이 매너를 지키라는 것은 처음 만났을 때 절대로 그녀에게 호구조사나 개인정보를 캐묻지 말라는 것이다. 상황적 멘트를 통해 점점 대화에 빠져들게 하는 것이 스닉토크의 원리이다.

일단, 나쁜 예시를 통해 드러나는 여자의 대화 한마디에서, 그녀의 마음을 알아보기로 하자.

철수: 어디 살아요?
민정: 혜화역에 살아요.

여기서 여자가 남자에게 조금이라도 마음이 있거나 매너와 예의가 있는 여자라면 대답한 후에 곧바로 "철수 씨는 어디 사세요?"라고 되물을 것이다. 이것은 최소한 여자가 너랑 대화를 이어 나갈 의향이 있다는 것으로 받아들여도 좋다.
하지만 "혜화역에 살아요."라고 말하고 그 뒤에 아무 말이 없다면, 그것은 당신에게 "어디 사세요?"라고 되묻는 것보다 호감도가 떨어진다고 볼 수 있다.

또한 이렇게 단답형으로 질문하면 단답형으로 돌아오는 악순환이 될 수 있기에 처음부터 대화를 잘 풀어 나가는 것이 좋다. 아래의 대화를 살펴보자.

남자: 잘 지냈어요!?

민정: 아, 놀래라. 혹시 □□씨?

남자: 네~ 자 여기요 (고급 캔 커피를 건네준다)

민정: 고마워요. ㅋ

남자: 보통여자가 일반커피라면 말 안 해도 알죠?ㅋㅋ

민정: 네^^

남자: 일단 제가 아는 곳이 있는데 거기로 가요~

민정: 정말요?ㅋㅋ

남자: 당연하죠. 오늘 특별한 날이라 포털 검색기까지 봤어요~

민정: 와우~ 멋지네요. ㅋㅋ

남자: 가방 되게~ 무거워 보이는데 ("가방 들어 드릴게요."라고 말하면 안 된다.)

민정: 그냥 이것저것 챙기다 보니ㅋㅋ

남자: 가방에 든 거 많아 보이는데 혹시 가출한 거 아니에요?

요즘 가출 성인이 유행이라던데~

민정: 가출 성인이래~ㅋㅋ

남자: 일단 가면서 이야기해요. 사실 처음부터 민정 씨일 줄
알았어요. 걸어오는 모습을 보니깐 예사롭지가 않더라고
요. → 호기심+궁금증

민정: 제 걸음이 어때서요?

남자: 아장아장 잘 걸어오시던데요.

민정: 아, 웃겨ㅋㅋ 사실 제가 낯을 많이 가려서 초면에는 어색
한 게 많아서…….

남자: 오히려 다행이네요, 그쪽이 아무에게나 호의를 베풀어 주
는 분은 아니라서요. 그럼 이렇게 해요. 처음 만났다고 생
각하지 말고 알고 지낸 지 12년 정도 되었다고 생각해요.

민정: 저도 당연히 친구 많으면 좋죠. 근데 뭐라 할 말을 못 찾
겠어서…….

남자: 아무 말도 하지 마세요. → 유행어 인용
그걸로 된 거예요. 그냥 서로 친하게 지내면 되는 거예요.
원래 서울 살았어요?

민정: 대전 살다 올라온 지 좀 됐어요.

남자: 대전 정말 멋진 곳에서 오셨네요. 지도에서 많이 봤었어요.

민정: 그렇군요.^^

남자: 근데 민정 씨 스타일을 보니깐 왠지 서비스나 예술 쪽에서 일하실 거 같아요. → 콜드리딩

민정: 제가요?ㅋ 어떻게요? → 호기심

남자: 그냥요. 그쪽에 일하시는 분들이 대부분 웃을 때나 이미지가 상냥하고 밝더라고요. 그래서 혹시나 해서요.

민정: 아, 그래요? 아닌데⋯⋯.ㅋㅋ

남자: 정말요? 처음 봤는데 왠지 모르게 느낌이 좋은 거 같아서요. 눈빛이 똘망똘망하신 게 귀여우세요.

민정: 고마워요.ㅋㅋ

첫 만남에서 "사실 제가 낯을 많이 가리고"라고 했는데, 일반적으로 이런 말을 먼저 듣게 되면 당황해서 의혹이 저하된다. 그래서 초면에 이런 말을 하는 여자가 있다면 어떻게 대화를 이어 나갈지에 대해 가벼운 농담과 명분을 제시하고 편하게 경계심을 먼저 해제하는 상황을 설정해 보았다.

대화를 계속 이어 나갈 때나 대화주제를 설정해 이야기를 주고받아야 하는데, 어젯밤에 꾼 꿈, 타고 오는 버스, 흐린 날씨. 아무것도 아닌 주제로 얼마든지 즉석에서 스닉토크로 얘기할 수 있다.

앞의 대화를 계속 이어 나가 보자.

남자: 제가 홍대에서 왔거든요. 홍대는 항상 사람도 너무 많고 버스도 엄청 오래 기다려야 되는데, 늘 늦게만 오던 버스가 정류장에 도착하자마자 즉시 오더라고요. 오늘은 일이 순조롭게 잘 풀리는 것 같아요~

민정: 그래요?

남자: 어? 근데 밖에 비가 내리네요. 영화에서 보면 항상 남자 주인공과 여자 주인공이 만날 때는 비나 눈 같은 것이 내리던데, 이렇게 처음 만난 날 비가 내리니 왠지 더 특별해 보이는 거 같아요.

주변에서 벌어지는 사소한 일상만으로도 충분히 대화를 이끌어 갈 수 있다. 특히나 여성을 처음 만났을 때 편안하고 즐겁게 리드하는 것이 성공의 핵심이라고 할 수 있다. 아무것도 아닌 것에 의미를 부여하고 평범한 일상의 일이지만 그것을 감성적 서술형으로 얘기함으로써 여성이 더 즐겁고 가벼운 마음으로 대화에 참여할 수 있는 상황을 만드는 것이다.

또 다른 예시를 통해 여성의 심리를 알아보자. 다음 상황은 처음 만나는 단계에서 직장에 대한 애기를 했다는 가정하에 이루어진 대화이다.

상훈: 저는 금융사에 다녀요.
지영: 그렇군요.
상훈: 지영 씨는 회사 다녀요?
지영: 네.
상훈: 그럼 전문직이세요?

남자가 이와 같이 물어본 상황에서 여자가 자신의 일에 대해 많은 이야기를 한다면 직업에 대한 이야기를 계속 나누면 되겠지만, 만약 그냥 무표정하게 "네."라고 했을 때는 더 이상 얘기하고 싶지 않다는 뜻이다.

그럼 그녀가 회사원이라는 것까지만 알면 되는 것일 뿐, 억지로 계속 직업에 대해 말할 필요는 없다. 그런데도 계속해서 직업에 대한 질문을 던진다면, 더 이상 대화를 즐겁게 이끌어 갈 수 없을 것이다.

둘, 그녀가 좋아하는 소재로 즐거운 대화를 이끌어 내야 한다.

첫 만남에서 이야기를 끌어가기 위해서는 상대방의 머릿속에 가장 크게 자리 잡고 있는 화제를 알고, 그것에 대해 이야기하는 것이 가장 중요하다.

그래서 제일 먼저 해야 될 것이 '콜드리딩'이다. 여자가 좋아하는 소재거리를 찾는다. 학교, 직장, 친구, 이성, 가족, 음악, 영화, 음식, 커피 등 너무나도 다양하다. 여러 소재에 대해 얘기하면서 그녀가 나에게 자신의 얘기를 마음껏 하고 자유롭게 감정을 표현하도록 분위기를 조성하는 것이다.

단, 주의할 점은 그녀가 좋아하거나 머릿속에 큰 비중을 차지하는 소재에 대해 얘기를 하더라도 절대 일방적으로 들어 주어서는 안 된다는 점이다. 만일 여자가 말이 많더라도 40% 정도의 말을 하도록 제어하고, 남자는 60% 정도의 대화비율을 보여야 한다. 유혹의 단계에서는 남녀 대화의 비중이 7:3의 비율이 가장 이상적이다(연인 사이 제외).

보통 연애서적에서 보면, 여자의 말을 많이 들어 주라고 하면서 남자와 여자의 대화 비중을 3:7이라고 말하는데, 연인사이는 무관하지만, 유혹하는 단계에서는 여자가 말이 없을 뿐더러 많이 하게 해서도 안 될 것이다.

그 이유는 세 가지이다.

첫 번째, 내가 수많은 여성을 유혹하고 만나 보았지만 여성이 말을 많이 하게 되면 그날 데이트는 대부분 망쳤으며, 나에 대한 이성적 감정이 생기지도 않았고 전혀 끓어오르지 않았다.

두 번째, 여성을 처음 만난 1시간 동안은 남자가 일방적으로 말을 하고 대화를 진행할 수 있어야 한다. 남자가 말하는 동안 여자는 그 이야기를 들으면서 그 남자의 분위기와 느낌을 알고, 대화에 자연스럽게 참여하면서 조금씩 마음을 열고 호감을 가질 것이다.

세 번째, 대부분의 여자는 처음 만났을 때 당신의 외모가 매우 출중하지 않는 이상 별로 첫인상에 큰 호감을 느끼지 않을 것이다. 큰 호감이 없고 잘 모르는 사람이니 할 말이 없는 것은 당연하다.

하지만 그녀의 의견에 상관없이 '나는 그녀가 무척 아름답고 마음에 든다'라고 하면, 내가 그녀에게 호감을 얻어 내야 한다. 그리고 호감을 얻게 하는 방법은 스스로 나 자신을 알리는 것이기 때문이다.

그럼 이제 연인 사이도 아닌데 처음 만났을 당시 여성의 말을 많이 들어 주라는 연애상식은 잘못되었다고 결론 내리도록 하겠다.

여성을 처음 만났을 때 대화를 유도하는 스닉토크와 더불어 중요한 기법이 하나 더 있다. 바로 '콜드리딩'인데, 콜드리딩은 처음 만남에 상대를 바로 꿰뚫어보고 그 사람에 대해 파악하여 질문이나 대화를 유도하는 것이다.

사람은 누구나 생각지도 않은 자신을 알아주고 흥밋거리를 자극해 주면 호감을 느끼게 된다. 특히나 남녀 사이에서 대부분 여자들은 자신의 속내를 드러내지도 않을뿐더러, 남자가 감성을 자극하지 않으면 아무 감정도 생기지 않게 마련이다.

또한 마치 예전부터 알고 지냈던 사람처럼, 친밀하게 지냈던 사이처럼 만들어야 하는 것이 중요한데 그냥 일반적인 대화를 하는 속도로는 시간이 조금 걸릴 것이다.

그래서 콜드리딩에서 사용하는 개념을 가지고 와서 대화 루틴으로 만들었는데, 이렇게 하게 되면 상대에게 조금은 더 빨리 예전부터 알고 지낸 사이인 것처럼 편안함과 친밀감을 줄 수 있을 것이다.

"너랑 얘기하면 항상 편하고 재미있어. 내가 한동안 웃을 일이 없었는데 말이야."
"너랑은 말이 잘 통하는 거 같아. 왠지 알고 지냈던 사이 같아."
"너 말 되게 잘한다. 내가 말수가 원래 없는데, 너랑 있으면 나도 말을 잘하게 돼."

인위적으로 더 빨리 친해진 것 같은 효과를 볼 수 있는데, 이것을 대화의 흐름에 어떻게 사용하는지 예시를 들어 살펴보겠다. 앞서 대화의 예시로 사용한 것으로, 대화의 흐름을 살펴보기 위해 처음부터 적겠다.

민정: 아, 놀래라..혹시 OO씨?

남자: 네~ 자 여기요 (고급 캔 커피를 건네준다)

민정: 고마워요.ㅋ

남자: 보통여자가 일반커피라면 말 안 해도 알죠?ㅋㅋ

민정: 네^^

남자: 일단 제가 예약해 놓은 곳 있는데 거기로 가요~

민정: 정말요?ㅋㅋ

남자: 당연하죠. 오늘 특별한 날이라 포털 검색기까지 봤어요~

민정: 그렇군요.ㅋㅋ

남자: 가방 되게~ 무거워 보이는데 ("가방 들어 드릴게요."라고
     말하면 안 된다.)

민정: 그냥 이것저것 챙기다 보니ㅋㅋ

남자: 가방에 든 거 많아 보이는데 혹시 가출한 거 아니에요?
     요즘 가출 성인이 유행이라던데~

민정: 가출성인이래~ㅋㅋ

남자: 일단 가면서 이야기해요. 사실 처음부터 민정 씨일 줄
     알았어요. 걸어오는 모습을 보니깐 예사롭지가 않더라고
     요. → 호기심+궁금증

민정: 제 걸음이 어때서요?

남자: 아장아장 잘 걸어오시던데요.

민정: 아 웃겨ㅋㅋ 사실 제가 낯을 많이 가려서 초면에는 어색한 게 많아서…….

남자: 오히려 다행이네요, 그쪽이 아무에게나 호의를 베풀어 주는 분은 아니라서요. 그럼 이렇게 해요. 처음 만났다고 생각하지 말고 알고 지낸 지 12년 정도 되었다고 생각해요.

민정: 저도 당연히 친구 많으면 좋죠. 근데 뭐라 할 말을 못 찾겠어서…….

남자: 아무 말도 하지 마세요. → 유행어 인용

그걸로 된 거예요. 그냥 서로 친하게 지내면 되는 거예요. 원래 서울 살았어요?

민정: 대전 살다 올라온 지 좀 됐어요.

남자: 대전 정말 멋진 곳에서 오셨네요. 지도에서 많이 봤었어요.

민정: 그렇군요.

남자: 근데 민정 씨 스타일을 보니깐 왠지 서비스나 예술 쪽에서 일하실 거 같아요. → 콜드리딩

민정: 제가요?ㅋ 어떻게요? → 호기심

남자: 그냥요. 그쪽에 일하시는 분들이 대부분 웃을 때나 이미지가 상냥하고 밝더라고요. 그래서 혹시나 해서요.

민정: 아, 그래요? 아닌데…… .ㅋㅋ

남자: 아~ 정말요? 처음 봤는데 왠지 모르게 느낌이 좋은 거 같아서요. 눈빛이 똘망똘망하신 게 귀여우세요.

민정: 그래요?ㅋㅋ

남자: 오늘 사실 기분이 좋아서요. →기분이 좋다는 것을 간간 이 강조하는 이유는 첫 만남부터 '마음에 든다, 반했다'등 의 직접적인 호감 선언으로 기분이 좋다고 했을 때 부담 을 가질 수 있기 때문이다. 간접적으로 긍정적인 말과 분 위기를 전달함으로써 여자도 같이 긍정적이고 기분이 좋 아지는 효과를 내기 위함이다.

민정: 왜요?

남자: 오늘 홍대에서 왔거든요. 홍대는 늘 사람도 너무 많고 버 스도 엄청 오래 기다려야 되는데, 늘 늦게만 오던 버스가 정류장에 도착하자마자 즉시 오더라고요. 오늘은 일이 너 무 순조롭게 잘 풀리는 것 같아요. → 기분이 좋아졌다는 사소한 명분 제시, 또한 자동차를 운전하고 온다는 설정 을 했을 때, 차가 없을 시 의미 없는 멘트일 것 같아 버스 로 설정했다.

민정: 그래요?

남자: 네~ 어? 근데 밖에 비가 내리네요. 영화에서 보면 항상

남자 주인공과 여자 주인공이 만날 때는 비나 눈 같은 것
이 내리던데……. 이렇게 처음 만난 날 비가 내리니 왠지
더 특별해 보이는 거 같아요. 우산 가지고 오셨어요?

민정: 네. 근데 몇 살이세요?

남자: 27살이에요. 제가 민정이 나이 맞춰 볼까요? → 바로
"민정 씨는 몇 살이세요?"라고 물어보지 말고, 이렇게 서
로 교류할 수 있고 흥미를 유발하는 것이 좋다.

민정: 그래요.

남자: 머리 스타일을 보니 약간 웨이브를 주고 살짝 염색을 한
걸 봐서 머리 나이는 20대 중반이고, 얼굴과 피부를 봐
서는 20살 같으니, 중간 지점인 22살일 거 같아요. →
여자는 무조건 어려 보이고 피부 좋다고 하면 다 좋아한
다. 단지 '그냥 예쁘세요.'가 아닌 스토리화 시킨 것이다.

민정: 저 24살이에요.

남자: 아 정말요. 그렇게 안 보이는데~ 24살이라니 조금 놀랐
어요. (대화 중략− 이후 이야기를 계속 나누다 여자가 이렇게
말할 것이다.)

민정: 오빠신데 말 놓으세요.

남자: 정말 좋은 거 같아. (호기심1)

민정: 왜요?

남자: 기분이 더 좋아졌어. (호기심2)

민정: 왜요?

남자: 너한테 그 말 들으니깐 조금은 더 친해진 느낌이라서.

　　　(작은 것에도 의미를 부여한다.)

민정: 그래요?^^

남자: 응, 너랑 계속 얘기하니깐 왠지 편하고 재미있는 거 같아. 원래 내가 낯도 잘 가리고 말을 잘 못하는데, 너랑 있으니 왠지 알고 지낸 사이처럼 즐겁고 재미있어.

　　사실 위의 대화내용을 보았을 때, 여자가 한 말은 아무것도 없다. 남자 혼자 얘기하고, 기획한 대화로 유도했다. 그리고 마지막에 "너랑 계속 얘기하니깐 왠지 편하고 재미있는 거 같아. 원래 내가 낯도 잘 가리고 말을 잘 못하는데, 너랑 있으니 왠지 알고 지낸 사이처럼 즐겁고 재미있어."라고 했을 때, 이 이야기를 들은 상대방은 별다른 특별한 말이 아닌 것 같지만 무의식중에 조금씩 더 편안해지고 친해질 것이다.

　　셋, 여자가 진정 바라는 것을 알아야 한다.
　　여자는 남자에게 보여 주고 싶은 모습만을 보여 주고 싶어 한다. 그럼 보여 주고 싶은 부분만 보면 되는 것이다.

괜히 여자랑 공감대 쌓는다고 기억하고 싶지도 않는 옛날 남자 친구 이야기를 꺼내고, 돌아가신 부모님 얘기를 꺼내면서 다른 남자가 알지 못하는 그녀의 비밀을 하나 더 알았다고 의기양양해 하는 남자들이 있는데, 그것은 그녀랑 잠자리로 가거나 그녀의 남자 친구가 되는 데 아무 상관이 없다.

오히려 그녀는 자신의 말하고 싶지 않은 비밀을 알게 된 당신을 더 싫어할 수도 있다.

여자는 예쁜 모습만 보여 주고 싶어 하고, 남자가 자신을 좋게 봐주었으면 하는 본능이 있기 때문에 그녀가 보여 주기 싫어하는 부분은 안 봐도 된다.

여성을 처음 만나는 단계에서는 설레고 즐겁게 장난치듯 편안한 사이가 되어야, 유혹이 잘 된다는 점을 명심하시길 바란다.

4장

고양이 이론과
일곱 시간의 법칙

다음 이야기는 강남 호스트바에서 여성 고객을 확보하기 위해 흔히 쓰는 방법 중에 하나인데 여자 고객이 마음에 들어 하는 호스트를 일부러 멀리 떨어져 앉혀 놓고 다른 호스트가 접객하도록 하는 것이다.

일종의 배고픔 현상을 유도하기 위한 방법인데, 단번에 고객의 요구를 만족시키는 것이 아니라 어느 정도의 불만족감이 남도록 유도하는 전략이다.

위 이야기의 핵심은 궁금증이나 호기심이 급증했을 때 바로 노출하지 않고, 일명 '뜸을 들인다'는 이야기이다. 이처럼 약간의 뜸을 들인다면, 더 적극적으로 변화할 것이다.

여성은 가지고 싶은 충동이 들면, 계속 그것에 집착하는 고양이와 같은 습성이 있다. 이것을 '고양이 이론'이라고도 하는데 그것이 남자라고 가정했을 때 빠른 원나잇을 한다면 아이러니하게도 구매자 후회(신중하게 구매하지 못한 것을 후회하는 자책 행위: 이 남성과 섹스 또는 연애를 한 것을 후회함)가 나올 수도 있다는 것은 사실 모순이다. 여러 가지 이유는 있으나 중요한 것은 연애가 초보일 때는 그것을 파악하거나 해결하지 못한다는 것이다.

구매자의 후회에서 나오는 폐해나 서로 호감은 있으나 그녀를 사로잡지 못해 사랑까지 가지 못했을 때, 확실한 유혹을 원한다면 오히려 역으로 여자가 오게끔 만드는 것도 좋다.

바로 남자가 먼저 스킨십을 미끼로 던지는 것이다. 마치 손을 잡을 듯 말 듯 키스를 할 듯 말 듯 하면서 결국은 안 하고 집에 보내는 것이다. 결정적인 키스 타이밍에 그냥 입술만 만지거나 눈빛만 바라보다 멈추는 식으로 뜸을 들인다면, 그녀가 먼저 스킨십을 하거나 호감을 선언할 수도 있다.

여성을 잠자리까지 유혹하는 데 필요한 시간을 계산하자면 총 7시간(실질적으로 만난시간)이라고 한다.

이를 '일곱 시간의 법칙(Seven-hour rule)'이라고 하는데, 여자가 성적인 유혹에 준비되기까지 걸리는 신뢰 구축의 평균적 시간이 바로 일곱 시간이다.

알게 된 지 7시간이 흘렀는데, 남자 쪽에서 계속 감질맛나게 스킨십을 해온다면, 여성에게서 먼저 역으로 스킨십이 들어오게 하는 원리이다.

근데 이 원리와 7시간의 법칙을 역으로 생각하면 유혹을 통한 일련의 과정과 시간들을 참지 못해 스킨십부터 하는 남자들이 결국은 여자들에게서 "너무 성급하다."거나 "빠르다."라는 말을 듣는 것이다.

사실 여자를 너무 빨리 유혹하면 구매자의 후회가 나오고,

반대로 나에게 너무 안 넘어와도 문제이다.

그래서 앞에서 말한 방법은 서로 호감은 있으나 진도가 나가지 않고 보수적인 여자를 만나면서 답답해할 때 오히려 진도에 너무 애쓰지 말고 마음을 편안하게 가지면서 사용하면 좋은 방법이다.

5장

데이트 평행이론 &
처음만남

　보통 남자들은 여자들에 대해 오해를 한다. 여자를 만나면 무조건 웃기고 잘해 주면 된다고 생각하는 것이다. 그래서 연락하거나 만날 때, 여자의 기분을 생각하지 않고 그냥 하이에너지 레벨(high energy level)로 상대한다.

　인간이 낼 수 있는 최고의 흥분상태와 기쁨의 에너지 레벨을 '100'이라고 가정해 보자. 여자가 기분이 안 좋거나 우울하면 20의 에너지이라고 가정한다. 그러면 남자는 35의 에너지로 대해야 한다. 왜냐하면 여자와 너무 동떨어진 높은 에너지 레벨을 가지고 대한다면, 그냥 광대나 가벼운 남자로밖에 안 보이기 때문이다.

또한 그렇게 큰 단점이나 실수가 없는 상태에서 아무리 이야기를 많이 하고 분위기를 띄우더라도 여자가 입을 닫고 있고 아무 반응이 없어서 점점 분위기가 죽는 경우가 있다. 그것은 당신이 데이트를 잘못 이끌었기 때문이 아니라, 첫인상부터 비호감이라고 판단해 마음의 문을 닫고 자격미달로 낙인찍었기 때문이다. 이러한 이유로, 어떤 말이나 호의를 베풀어도 평가절하 해버리고 응대하지 않는 것이다.

여자는 마음에 드는 남자를 만나거나 흥미를 느끼는 남자를 만나면, 절대 그렇게 무표정하고 무반응하게 가만히 있지 않는다. 그리고 말도 짧게 하지 않으며, 분위기를 늘어뜨리지도 않는다. 그 대신 얼굴에 미소를 머금고 설레는 느낌과 긍정적이고 좋은 느낌을 당신에게 전달할 것이다.

6장

밀고 당기기-
튕기는 여자의 심리

남녀 사이에서 가장 중요하다고 생각하는 것이 바로 '밀고 당기기'라고 보통 말한다. 그렇다면 도대체 이 밀고 당기기는 어떤 것이며 어떻게 하는 것인가? 가장 기본적으로 얘기하자면, "최선을 다 하되 너무 애쓰지 말라."고 말하고 싶다.

또한 지금 주위에 여자가 없는 건 알겠지만, "너무 집착하지 말라."는 말도 하고 싶다.

'밀고 당기기'라는 기술을 학습하고 정리한 사람들은 사용하겠지만, 실제로 보통여자들은 이 밀고 당기기를 할 줄 모른다. 여자가 밀고 당기기를 한다고 남자가 착각하는 것뿐이다.

그렇다면 왜 남자들은 여자가 밀고 당기기를 한다고 착각하는지에 대한 이유를 지금부터 설명하겠다.

팅기는 여자의 심리

여자는 원래 좋아하는 것이 있으면 절대 포기할 줄을 모르고 가지고 싶어 하는 소유의 본능이 강하다.

또한 여자는 감정적 정서적 심리전이나 달콤한 유혹 같은 것에 잘 흔들린다. 대부분 여자들이 마음에 드는 남자를 당기거나 밀어낸다고 생각하지만, 그것은 아주 큰 오산이고 그렇게 할 배짱도 없다.

모든 남녀가 좋아하는 이성 앞에 설레고 부끄러워하는 것은 같겠지만, 여자는 남자처럼 좋아하는 이성 앞에 좋은 감정을 숨기고 화를 낸다거나 관심 없는 척 차갑게 대하거나 시선을 외면하지 않는다. 오히려 여자는 좋아하는 남자에게 아주 호의적이고 대화를 시도하고 자주 웃으며 순종적이다.

그래서 여자가 나에게 밀당을 한다는 것 자체가 내가 마음에 안 들거나 자신보다 가치가 낮다고 판단되기 때문에 여유롭게 상대하거나 퉁명스럽게 대하는 것뿐이다. 만약 당신에게 밀고 당기기를 하는 것처럼 느껴지는 그녀에게 높은 지위와 가치의 매력적인 남성이 접근한다면, 당신에게 보내는 태도와는 확실히 다른 긍정적이고 예의바른 태도와 자세를 보일 것이다.

남자들이 느끼는 밀당이나 튕기는 것은 단지 그녀가 그 남자에게 별로 관심이 없거나 별 생각이 없어 무성의하게 대하는 것뿐이며 자신의 남자 취향도 아니기 때문에 그렇게 하는 것이다.

그녀가 나에게 연락에서 답장이 늦다거나 만남에서 스킨십을 쉽게 허락하지 않는 것도 당신을 오래 만나고 싶어서도, 밀고 당기기를 하는 것도 아닌 그냥 "당신이 별로이기 때문"이다.

7장

밀고 당기기–
역이용 원리와 기술

· 밀어내기– 차가움, 무관심, 놀리기, 역할 변경, 자격
  부여
· 당기기– 호의, 칭찬, 관심, 애정, 잘해 주기

먼저, 여자와 남자가 서로 마주 보면서 서 있다고 가정하
자. 그녀가 한 발짝 뒤로 가면 대부분의 남자들은 두 발자국
다가간다. 그럼 어떤 현상이 일어날까? 여자를 잡을 수 있을
거라 생각하겠지만, 절대 잡을 수 없다. 당신이 두 발자국
온 것을 알고, 아마도 네 발자국을 도망갈 것이다.

그러면 남자들은 여자한테 투자한 것도 많고, 그녀 하나만 바라보았기 때문에 아쉬움과 허전함을 위로할 방법이 없어, 그녀에게 미친 듯이 구애를 하고 매달린다. 그럴수록 여자는 당신의 그런 행동에 더욱더 큰 부담을 가져 멀어질 것이고, 결국은 연락 두절과 만남 거부의 상태를 초래할 것이다.

그래프를 보면서 설명하겠다. 중간에 LOVE가 사랑이 이루어지는 지점이라고 했을 때, 감정도와 각 심리 상태를 다음 단계와 같이 가정해 보자.

감정도	70	50	30	10
심리 상태	좋아함	편안함	서먹함	비호감

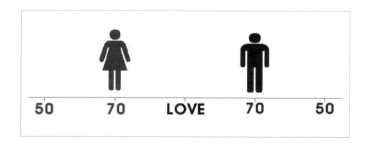

위의 그림처럼 남녀가 모두 좋아하는 단계에서 서로 점점 호감에 이끌려 잘되어 가고 있는 사이라고 가정했을 때,

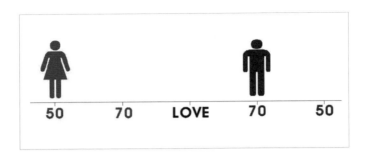

여자가 여러 가지 이유야 있겠지만, 한발 뒤로 물러났다. 그러면 남자는 그녀를 잡고 싶고 가지고 싶은 마음에,

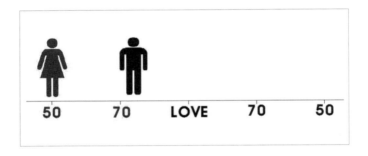

여자를 따라가기 시작한다. 그동안 정신적 · 물질적 · 시간적으로 투자한 것도 많이 있고, 사랑하는 마음과 아쉬운 마음이 LOVE라는 선을 넘어 집착으로 치닫게 될 것이다.

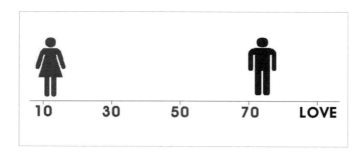

10	30	50	70	LOVE

　남자가 그러면 그럴수록 여자는 더욱더 멀리 도망가 버리고, 결국 수신 거부나 만남 거부반응으로 비호감(감정도 10)이라는 단계에까지 오게 될 것이다.

밀고 당기기의 대응방법

　그럼 이럴 때는 어떻게 하는 것이 가장 좋은 방법일까? 물론 다양하고 좋은 방법이야 많이 있겠지만, 가장 쉽고 좋은 방법은 바로 가만히 있거나 조금 더 밀어내기를 하는 것이다.

　여자가 여러 가지 이유로 밀어내기를 할 때 가장 쉽고 편하고 좋은 방법을 알아보도록 하자.

첫 번째 방법

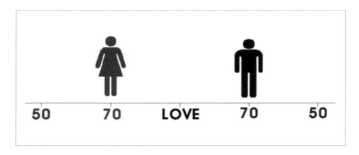

남녀가 서로 가까워지다 여자가 나를 밀어내기를 했을 때,

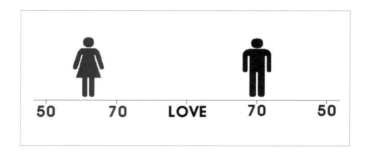

그 자리에 그냥 가만히 있는 것이다. 변함없이 나의 태도나 호감도, 친밀함은 여성의 태도와 감정도에 따라 흔들리지 않고, 마인드 센터링(마음의 중심)을 조절하고 중심을 잡으면서 가만히 있는 것이다.

전문가나 경험이 많은 사람이라면 여성을 칼리브레이션 (calibration) 해서 정확히 대응하겠지만, 초보들은 그것이 안 될 것이니 그 자리에 그냥 가만히 있으면 된다. 그러면 시간 이 지날수록 최소한 더 멀어지지는 않을 것이고, 오히려 점 점 제자리로 다시 돌아올 것이다.

두 번째 방법

두 번째 방법은 위의 그림처럼 남녀의 사이가 잘 유지되다가

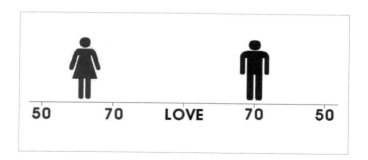

갑자기 그녀가 밀어내기를 하며 약간 멀어져 갔을 때,

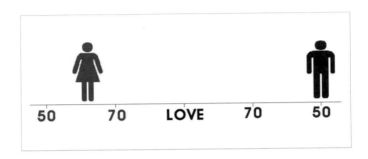

내가 더 많이 밀어내기를 하는 것이다. 그럼 그녀는 사이
가 너무 급진전 되는 것이 두려워 약간 거리를 두는 것이었
는데, 남자가 더 많은 밀어내기와 거리를 두게 되어 여자는
상대적 박탈감을 느끼게 될 것이고, 둘의 사이를 복원하고
싶어 할 것이다. 이때 나를 다시 당길 것이므로 적절한 시
점에 적절한 대응을 하면서 다가가면 된다.

적절한 시점은 그녀가 나에게 먼저 연락을 하거나 대화를
청할 때이고 적절한 대응이란 그녀가 당기면(잘해 주면) 바
로 태도가 돌변해 다시 호감을 선언하거나 가벼운 남자처럼
더 큰 애정과 사랑을 남발하지 말고, 그녀의 호감도에 합당
하거나 또는 조금 더 호감의 애정도만 주면서, 서서히 우리

사이를 다지고 감정을 끌어올리는 것이다.

여기서 중요한 것은 밀어내기는 나도 즐겨 쓰고 있고 추천하지만, 밀어내기의 경험이 전혀 없는 사람에게는 어려울 수도 있다는 점이다. 왜냐하면 여자가 상대적 박탈감을 언제 정확히 느끼는지와 인위적으로 우리 관계에 위기를 조장함으로써 다시 나를 당길 때, 그 다가서는 시점을 정확히 파악하기가 힘들기 때문이다.

무엇보다 내가 밀어내기 해도 여자는 내가 밀어내기를 하고 있는지 모른다는 것과 자신이 잘못해서 이런 상황이 연출되었다고 착각하게 만들어 나를 더 소중히 생각하게 만들거나 나에게 더 잘하게 만드는 것이다. 여자들이 애인 또는 남편에게 잘 쓰는 방법을 보고 배우고 연애의 기술에 응용하게 된 것인데 연애경험이 많이 쌓이고 감이 올 때 했으면 좋겠다.

8장

밀고 당기기–
문자편 폰게임

연락의 기술은 이미 〈연애의 기술〉에서 많은 부분 언급했으니 바로 예시를 통해 어떻게 밀고 당기기를 하는지 살펴보자. 일단 나를 밀어내는 여성과의 대화를 한번 보기로 한다.

> 켄신: 송이 씨, 말 놔도 돼요?ㅎ
>
> 송이: 아직 말 놓는 건 좀 부담스럽네요.;;;;;
>
> 켄신: 차차 친해지면 되죠, 뭐.;; 주말인데 달리러 안 가요?ㅎ
>
> 송이: 전 그런 거 별로 안 좋아해요.
>
> 켄신: 저도요. 집이 좀 보수적이라 밤늦게까지 노는 거, 별로.

송이: 저 술도 안 좋아해서 ㄷㄷ

켄신: 전 모르는 사람이랑 술 안 마셔요 ㄷㄷ

송이: 전 술 자체를 싫어해서요. ㅎ

켄신: 전 유흥 자체를 싫어해서요. ㅎ 그냥 차 마시면서 토론하
　　 는 거 좋아해요.

송이: 헛! 토론 ㄷㄷㄷ

켄신: 제가 좀 보수적이라……. A형이에요. ㄷㄷ

〈다음 날〉

켄신: 송이 씨, 뭐하세요? ㄷㄷ

송이: 짐 싸는 중이에요~

켄신: 어디 여행 가시는 길인가 봐요?

송이: 네, 오늘부터 중국 가요~

켄신: 언제 오세요?

송이: 담 주에 와요~

송이: 광저우 가는데 산이래요. 밤 비행기 타용!

켄신: 몇 시 차 타요?

송이: 열 시 비행기일 거예요~~

켄신: 그렇구나. 성남 살아요? 어디 살아요?

송이: 강남구요~~

켄신: 강남에서 볼래요?

송이: 그래요, 다음에 한번 봐요.

대화내용 해설 및 분석

켄신: 송이 씨, 말 놔도 돼요?ㅎ → 당기기-관심 표현

[해석] 나는 너와 친해질 수 있는 기회를 주었다는 뜻.

송이: 아직 말 놓는 건 좀 부담스럽네요.;;;;; → 밀어내기

[해석] 이 말을 들었다고 절대 위축되거나 '이 여자는 정숙한 여자
라서 내가 도자기처럼 상대해야 하구나.'라고 생각하면 안
된다. 여기서부터 이 말을 듣는 순간, 밀당을 시작했다.

켄신: 차차 친해지면 되죠, 뭐.;; 주말인데 달리러 안 가요?ㅎ
→ 밀어내기-놀리기

[해석] 보통 남자들은 아마도 "아~네 그러시구나. 제가 실수
했네요.ㅠㅠ"와 같은 표현을 쓸 것이다. 하지만 이것
은 그녀의 페이스에 말려들어 가는 것이다. 나는 일부러
"차차 친해지면 되죠, 뭐.;;"라는 표현을 씀으로써 너

와의 관계 진전에 목숨 걸지 않으며, 전혀 영향 받지 않는다는 것을 보여 주었다. 그리고 ';;'조차도 같이 쓰고, "저녁인데 약속 없으세요?"라는 말 대신 "달리러"라는 표현을 씀으로써 그녀의 프레임을 깎아 내렸다.

송이: 전 그런 거 별로 안 좋아해요.

켄신: 저도요. 집이 좀 보수적이라 밤늦게까지 노는 거, 별로.
　　　→ 역할 변경

[해석] 보통 남자들은 "전 그런 거 별로 안 좋아해요."라는 말을 들으면 이렇게 말할 것이다. "아~ 네 그러시구나. 그럼 취미가 뭐예요? 독서나 커피 마시는 거 좋아하세요?"라며 말도 안 되는 대화를 할 것이다. 그녀가 먼저 의도적으로 부정적인 반응을 보였으니, 나는 더 큰 부정적인 반응으로 밀어내기를 했다. "저도요."라는 말로 그녀의 공격을 받아치고, "집이 좀 보수적이라 밤늦게까지 노는 거, 별로."라는 말로 그녀에게 거절당하기 전에 내가 먼저 선제공격을 들어간다. 더 큰 역할 변경의 부정반응을 보임으로써 프레임을 유지했다.

송이: 저 술도 안 좋아해서 ㄷㄷ → 밀어내기

켄신: 전 모르는 사람이랑 술 안마셔요 ㄷㄷ → 밀어내기-자격부여

[해석] 보통 남자들은 "그러시구나. 그럼 차라도 한 잔 해요." 라고 말하면서 어떻게든 만남을 이끌어 내려고 할 것이다. 하지만 앞에서 말했듯이 여유를 가지고 '나는 너보다 더 좋은 여자도 많다.'는 마음가짐을 가져야 한다. 또한 여성이 한 말보다 더 큰 부정적 전제를 제시함으로써 더 세게 나간다. 특히나 내가 먼저 "모르는 사람"이라는 자격 부여를 함으로써 '너는 아직 나에게 모르는 사람'임을 전제한다. 이것이 '자격 부여'이다. 내가 먼저 이런 말을 하지 않았다면 그녀는 나에게 분명히 이런 말들을 먼저 했을 것이고, 나는 완벽한 갑을관계에서 을이 되고 말 것이기 때문이다.

송이: 전 술 자체를 싫어해서요. ㅎ → 밀어내기

켄신: 전 유흥 자체를 싫어해서요. ㅎ 그냥 차 마시면서 토론하는 거 좋아해요. → 밀어내기−무관심+자격 부여

[해석] 술보다 더 큰 '유흥'이라는 표현을 쓴다. 하지만 여기서 중요한 점을 볼 수 있다. 여성이 'ㅎ'이라는 표현을, 즉 약간 웃으면서 얘기했다는 점이다. 이것은 이미 자신이 의도한 것보다 너무 크게 밀려났기 때문에 상대적으로 박탈감을 느끼는 것이다. 여성이 나에게 부정적 반응을 보일 때는 내가 더 크게 부정적으로 밀어내지만, 여성

이 약간 태도가 긍정적으로 변화하면 나도 그에 맞게 당
겨야 한다. 그래서 나도 'ㅎ' 하나를 붙여 주었다.

송이: 헛! 토론 ㄷㄷㄷ

켄신: 제가 좀 보수적이라……. A형이에요. ㄷㄷ → 밀어내기-
역할 변경

[해석] "제가 좀 보수적이라 A형이에요."라는 말은 여자들이
보통 남자들에게 쓰는 말이다. 하지만 나는 내가 먼저 이
말을 사용하여 끝까지 내가 마치 그녀를 밀어내는 것 같
은 형식을 취했다. 'ㄷㄷ'은 그녀가 썼기에 똑같이 쓴 것
이다.

〈이날 대화 끝〉

켄신: 송이 씨, 뭐하세요? ㄷㄷ

송이: 짐 싸는 중이에요~

켄신: 어디 여행 가시는 길인가 봐요?

송이: 네, 오늘부터 중국 가요~

켄신: 언제 와요?

송이: 담 주에 와요~

송이: 광저우 가는데 산이래요. 밤 비행기 타용!

켄신: 몇 시 차 타요?

송이: 열 시 비행기일 거예요~~

켄신: 글쿠나. 구로 살아요? 어디 살아요?

송이: 강남구요~~

켄신: 강남에서 볼래요?

송이: 그래요, 다음에 한번 봐요.

이 대화는 여러분이 위에서 말한 기술과 예시를 보면서, 다음 대화에서 어떻게 데이트 약속을 잡게 되었는지 한번 연구해 보길 바란다. 생각하면서 연구해 보는 것도 기술을 터득하고 연마하는 좋은 방법이다.

칼리브레이션과 밀고당기기

많은 여자를 만나면서 직관력으로 판단하면 가장 좋겠지만, 그것이 안 될 때는 처음 대화하면서 유머와 자상함 등 여러 가지 형태의 모습을 보여 주고 여자의 반응을 살펴보는 것이 좋다. 그래서 반응이 가장 잘 나오는 쪽으로 파고들면 된다.

즉 자신이 좋아하는 것이 아닌 상대방이 좋아하는 쪽으로 내가 맞춰 나가면 되는 것이다. 가끔 주변에 자칭 '작업 선수'라는 사람이 여자를 만난 성공담을 이야기한다. 하지만 내가 장담하는데, 그런 남자들은 대부분 자신의 낚시질(자신의 유혹스타일)에 걸려드는 여자의 유형만 걸려 들어온다.

그래서 칼리브레이션(calibration)이 필요한 것이다. 내가 좋아하는 여성이 나 같은 남자의 타입을 싫어한다면 내 스타일을 바꾸어야 하는 것이다. 그 여성의 유형과 취향에 맞게 나 자신을 변신시켜 대응한다면, 만날 수 있는 여성의 폭도 그만큼 다양해질 것이다. 밀고당기기 또한 여성이 비호감을 보냈을때 나 역시 약하게 무관심을 보내고 호감을 보낼때는 호감을 보내고 순응했을때와 무례하게 굴었을때 확실히 상과 벌을 주는 것이다.

인간으로서 가지는 이성과 감성을 누구나 다 가지고 있지만, 남자가
혹은 여자가 조금 더 그 부분에 본능적이거나 선천적으로 발달되어 있
다는 것이다. 즉, 여자가 큰일을 당했을 때 남자보다 더 감성적으로 기
분과 느낌에 의존해 위에서 언급한 행동을 한다는 말이지, 절대적인
것은 아니다.

2부 멘탈리스트 연애술사

1장

최면기법 + 연애심리학→
실전 유혹술

먼저 알아야 할 것이 '콜드리딩(cold-reading)'이라는 것이다. '콜드리딩'의 원래 뜻은 '모르는 사람을 직관적으로 읽어내는 기술'을 말하는데, 유혹에 있어 콜드리딩은 그야말로 '스피드 라포(Speed Rapport: 빨리 친밀해지기)'의 감초 역할을 하기 때문이다.

콜드리딩의 정의와 개념에 대해 파고든다면 정말 끝이 없을 것이다. 중요한 것만 기술로 쓸 수 있으면 좋지 않을까? 그래서 간단하게 멘트화 시켜 보았다. "두루뭉술하게 ～ 너는 이럴 것이다." 또는 "혹시 ○○○한 거 아냐?"라고 했을 때, 그 여성이 "응, 맞아~ 사실 그래."라고 한다면 대화는 한층 더 탄력이 붙을 것이다.

　그래서 콜드리딩이 필요한 것이다. 또한 대화법이나 여성과의 관계에 부족하더라도 누구나 원리를 알면 정말 쉽게 할 수 있을 것이다.

　콜드리딩(Cold-reading)을 크게 다섯 가지로 분류해 간략하게 정리해 보았다.

스톡스필 (Stock spiels)	누구에게나 적용되고 누구나 공감할 수 있는 말을 하는 기술
서틀 네거티브 (Subtle negative)	부정의문문을 통해 상대의 마음이나 제안을 떠보거나 교묘하게 빠져나가는 기술
서틀 퀘스천 (Subtle question)	긍정의문문을 통해 상대의 마음이나 제안을 떠보거나 교묘하게 빠져나가는 기술
서틀 프리딕션 (Subtle prediction)	앞으로 일어날지도 모르는 일에 대해 언급하거나 맞추는 기술
줌아웃 줌인 (Zoom out Zoom in)	큰 범위의 대화 소재 및 주제를 선정하고 조금씩 세부적으로 좁혀 나가면서 대화 및 주제를 찾아내는 기술

이 다섯 가지 개념과 대화법은 서로 연결되어 있으며, 단어 하나 차이 혹은 문장 하나 차이에서 결정된다고 봐도 좋다고 생각한다.

2장

모든 여성에게 통하는
대화의 루틴

스톡스필(Stock Spiels)

인간은 누구나 비슷한 고민을 하고 비슷한 경험을 한다. 그러므로 아무리 예쁜 여성이라 할지라도 누구나 비슷한 경향과 연애 경험을 가지고 있다. '스톡스필'이란 이처럼 누구에게나 적용되고 누구나 공감할 수 있는 말을 하는 것을 뜻한다.

예를 들어, "수많은 고난과 어려움을 견디고 이어 온 전통성 있고 강인한 민족입니다."라고 말을 했다고 가정하자. 그럼 여기서 말하는 '민족'은 누구일까? 이는 모든 민족에게 통하는 말이다.

이 세상 모든 국가와 민족이 자신들은 수많은 외세를 극복하고 이 땅의 유일한 전통을 지켜 온 강인한 민족이라고 생각하기 때문이다.

또 하나 예를 들어 보겠다. 종교지도자에게 상담을 받으러 간 신도가 있다. 그 신도가 자신의 신앙과 가족사 및 인생 경험을 세 시간에 걸쳐서 얘기했다. 그리고 그 신도는 마지막에 "지도자님, 어떻게 하면 좋겠습니까?"라고 말했다.

종교지도자는 그 사건 하나하나에 신의 뜻과 가르침을 주는 것이 아니다. 마지막에 딱 한마디만 하면 되는 것이다. "아직 믿음이 부족해서 그렇습니다!" 이 말 한마디면 모든 게 정리될 것이다.

그러면 신도는 무릎을 딱 치면서 "아~ 그렇군요."라고 말하고 돌아갈 것이다.

이제 유혹과 연애로 넘어와 보자. 아주 예쁜 여성도, 보통인 여성도, 모두 비슷한 여성으로서의 성향을 가지고 연애 경험을 하며 인생을 살아왔을 것이다.

아주 예쁜 여성을 남자들이 보았을 때 '저 여성은 정말 대단한 남자와 사귀고 대단한 연애경험이 있을 거야.'라고 착각하지만, 절대 그렇지 않다. 설마 그런 경험이 있다고 할지라도 그것은 그냥 하나의 일탈적 추억일 뿐, 누구나 다 일상으로 돌아온 후 비슷한 삶을 산다는 것이다.

예쁜 여자라고 해서 정말 잘생기고 잘나가는 훈남과 매일, 감동적인 데이트를 하고 매우 기뻐하고 즐거워하면서 집에 갈 때는 훈남의 고급 외제차를 타고 가는 것이 아니다.

크게 보면 두 가지 연애 경험밖에 없다. 하나는 괜찮은 남자를 순조롭게 만나고 친해져서 연애하는 경우와 나머지 하나는 마음에 들지 않지만 남자가 끈질기게 구애 하거나 우여곡절 끝에 겨우 마음이 움직여 결국 사귀게 되는 연애 스토리밖에 없다.

그래서 결국은 대부분의 여자가 예쁘든 그렇지 않든 상관없이 비슷한 연애 경험, 비슷한 남자 경험을 가지게 되어 있다.

예를 들어, "혹시 너는 남자를 볼 때 물론 외적인 부분도 보지만 내적인 면, 그러니까 그 남자의 인격이나 성품, 책임감 같은 것을 더 중요하게 생각하지 않아?"라고 말한다면 여성 10명 중에 9명은 그렇다고 할 것이다.

그러면 나는 이렇게 말하면 되는 것이다.

"왠지 그럴 거 같아서~ 너는 사람의 겉모습을 보고 판단하는 다른 여자와는 다르게 본질을 보려고 노력하는 것 같아. 눈에 보이는 것보단 느낌과 감성에 많이 이끌리는 것 같아~ 사실 나도 그렇거든."
  → 모든 여성들이 근본적으로 감성과 느낌에 더 끌린다.

여성은 이에 맞장구를 칠 것이고 나는 또 이렇게 얘기할 것이다.

"너를 처음 봤을 때 다른 사람들은 너의 외모에 호감을 느꼈을지 몰라도 나는 왠지 뭐라고 할까~ 같이 술 먹는 여자들은 화장 고치기에 바쁜데 너는 주변 정리를 먼저 하는 것에 조금은 달라 보였어."

→ 이 말을 듣고 "나는 그런 거 아닌데 나를 좋게 보지 말았으면 좋겠어. 왜냐하면 나는 네가 싫거든."이라고 말하는 여자는 없을 것이다.

보통의 여자들은 스톡스필에 의거해 만들어 낸 루틴을 듣게 된다면, 오히려 나를 다르게 볼 것이기 때문이다.

이렇게 다가선다면 그녀는 매우 수긍할 것이다. 자신을 정확하게 봐주는(정확히 봐준다고 착각하는 것이지만), 특히 외모 칭찬이 아닌 자신의 속과 내면을 봐주는 남자는 별로 없기 때문이다.

다시 말해 대부분의 남자들은 외모 칭찬을 입에 침이 마르도록 할 것이고, "내가 왜 좋아?"라고 한다면 "네가 제일 예쁘잖아~" 이것이 전부이기 때문이다.

하지만 스톡스필을 이용해 앞에서 언급했듯이 스토리텔링화 시켜서 사용한다면, 10명의 여성 중 9명은 수긍할 것이다.

예쁜 여성도 근본적으로 꽃미남들만 좋아하고 만나면서 살아온 게 아니기 때문에, 당신이 비록 꽃미남이 아닐지라도 당신의 호감형 인상과 차별화된 접근과 대화를 통해 좋아하는 감정을 이끌어 낼 수 있을 것이다.

여성을 떠보면서 읽어 내는
고급기술

서틀 네거티브(Subtle negative)

서틀 네거티브를 해석하자면 '부정의문문을 사용하여 상대의 마음을 떠보는 기술'이다.

예를 들어 "혹시 ○ ○ ○ 회사에 근무한 적은 없어요?"라고 질문을 던진다고 가정해 보자. 상대방은 이것이 부정의문문인지 눈치 채지 못하도록 사용하기 때문에 '서틀 네거티브'라고 부른다.

원래 개념대로 라면 두 가지로 나누어 볼 수 있다. yes 와 no.

상대방이 'yes'일 경우, 부정의문문으로 끝났지만 상대방의 과거나 현재를 맞춘 것이 된다. "그렇죠? 왠지 자기 일에는 언제나 책임감과 성실함이 있어요. 하지만 자신이 흥미 없는 일에는 크게 관심을 가지지 않을 거예요." 이렇게 첫마디에 명중하게 되면, 상대방은 당신을 좋게 볼 것이고 긍정적으로 판단할 것이다.

만약 상대방이 'no'일 경우, 즉 상대방이 그런 회사에 다닌 적이나 그런 쪽에서 일한 적이 없다고 해도 전혀 걱정할 필요가 없다. "그렇죠? 왠지 그쪽은 설득이나 영업을 많이 해야 하는 곳이라 약간 거리가 있어 보여요. 제가 그 분야에 일하는 사람을 몇 번 본 적이 있는데, 그런 분야는 아닐 거 같아서 물어본 거예요."라고 말하면 된다.

또한 이 정도 얘기했으면, 상대방이 "전 ㅇㅇㅇ쪽에 일해요~"라고 정보를 말해 줄 때도 많다.

그것을 연애에 적용하면 어떻게 될까?

서틀 네거티브(부정의문문)를 사용한 스피드 라포 쌓기

남자: 안녕하세요^^

여자: 네, 안녕하세요?

남자: 어? 스타일이 되게 특별한 거 같아요. 혹시 서비스 쪽에
　　　서 일하시지 않나요?

Yes일 경우

여자: 네^^ 어떻게 아셨어요?

남자: 아~ 그쪽에 일하시는 분들이 대부분 미소가 정말 상냥
　　　하고 밝더라고요. 그래서 혹시나 해서요.

여자: 와우~ 대단하시다! 한 번에 알아보시고……. 좋게 봐주
　　　시고 감사합니다.^^

남자: 처음 봤는데 왠지 모르게 사람을 기분 좋고 편안하게 하
　　　는 매력이 있는 것 같아서요. 그래서 서비스 쪽에 일하실
　　　거라는 느낌이 들었죠.^^

여자: 아니에요.

남자: 아~ 정말요? 왠지 미소가 정말 밝더라고요. 그래서 혹시나 해서요.

여자: 아~ 감사합니다.

남자: 처음 봤는데 왠지 모르게 사람을 기분 좋고 편안하게 하는 매력이 있는 거 같아요. 그럼 전문직?

여자: 음~ 전문직은 아니고 그 중간 정도? 금융 쪽에서 일하고 있어요.

남자: 아~ 금융 쪽이면 전문직이랑 서비스가 합쳐진 거잖아요. 그래서 왠지 약간 지적이면서 상냥해 보이셨군요. → 상황적 합리화+끼워 맞추기

이런 식으로 여성과 대화한다면, 스피드 라포(speed rapport: 빨리 친밀해지기)를 쌓는 데 유리할 것이다. 처음부터 대화에 조금씩 참여시키면서 자신을 알아보는 남자에게 조금 더 신비함과 친근감을 느끼면서, 호감을 가지게 될 것이다.

서틀 퀘스천(Subtle question)

서틀 퀘스천은 서틀 네거티브와 반대로 긍정의문문으로 생각하면 된다.

"혹시 어렸을 때 크게 아픈 적이 있었을 거 같은데……. 짐작 가는 거 있나요?"

서틀 네거티브에 나오는 "혹시 옛날에 큰 사고를 당한 적이 있지 않나요?"와는 다른 문장이고 개념이다. 서틀 네거티브는 확실히 의문문을 쓴 것이고, 서틀 퀘스천은 당신에게 있을 법한 상황을 예측했다는 듯이 말하면서 '내가 너에 대해 어느 정도 큰 틀에서 맞혔으니, 다음 구체적인 얘기는 네가 해 보라'는 것이다.

다른 예로 들어 보자.

"예전 회사에서는 열심히 했지만 스타일이나 적성에 맞지 않는 부분이 많았을 거 같은데…… 어떤 것들이 있을까요?"라고 말하는 것이다.

여기서 중요한 것은 이미 상대방의 과거를 내가 직관력으로 읽었고, 그것을 다시 확인하는 차원에서 되물었을 뿐이라는 점이다. 또한 회사를 이직했다면 당연히 그 회사와 맞지 않는 부분이 있었을 것이다. 그러므로 지금 회사가 전 회사보다 더 좋다는 것은 당연한 사실이다.

서틀 퀘스천을 정리하자면, 끝에 말을 다시 되묻는다고 생각하면 된다. 가령 아래와 같은 문장 형태로 말이다.

~일 거 같은데, 어때요?
~일 거 같은데, 맞습니까?
혹시 ○○○○한 적 있죠?
그것에 큰 의미는 있나요?
~인 것은 왜 그렇다고 생각해?

그럼 이제 이 서틀 퀘스천의 기술로 대화를 한번 진행해 보자.

서틀 퀘스천(긍정의문문)을 사용한 스피드 라포 쌓기

남자: 근데 넌 알고 보면 정이 많아서 강아지나 고양이를 키울
거 같은데~ 어때?

1. 키울 경우

여자: 어? 어떻게 알았어?

남자: 뭐 키우고 있어?

여자: 나 강아지 엄청 좋아해요

남자: 보통 보면 사랑이 많고 마음이 따뜻한 여자들이 애완동
물을 많이 키우던데, 그런 여자들이 아기도 대개 잘 키우
지. 혹시 요리도 잘해? → 이렇게 칭찬과 자격을 부여해
주고 "너 요리도 잘해?"라고 물어본다면, 많은 여자들이
이렇게 대답할 수도 있을 것이다.

여자: 저 잘해요.^^

남자: (하이파이브) 왠지 그럴 줄 알았어~

2. 안 키울 경우

여자: 나 애완동물 싫어하는데~

남자: 근데 널 보면 왠지 강아지나 애완동물이 연상되는데~
　　　그런 소리 안 들어?

여자: 오빠, 내가 개 같다는 거야?ㅋㅋㅋ

남자: 아니ㅋㅋ 개 같다는 게 아니라 강아지처럼 귀엽다고!

여자: 고양이상이 더 예쁜 거 아닌가?

남자: 난 강아지가 더 좋아~ 너 강아지처럼 귀여워. 우리 지현
　　　이 사료 사 줄까?^^

여자: 난 초코 맛 아니면 안 먹어.

남자: 주는 대로 먹어야 예뻐해 주지~

　서틀 네거티브와 서틀 퀘스천이라는 심리학과 최면 이론
을 알았다는 것도 또한 그녀가 맞다고 하든 안 맞다고 하든
그것도 중요하지만, 이것을 통해 새로운 소재거리를 이끌어
내고 실제 대화에서 즐거운 방향으로 이끌어 갈 수 있게 활
용하는 것 더 중요하다.

운명적 인연을 만드는

4장

심리학 기법

서틀 프리딕션(subtle prediction)

(이 내용은 저자의 개인적 생각임을 알려 드립니다.)

서틀 프리딕션 이것은 앞으로 일어날지도 모르는 일에 대해 언급하거나 맞추는 것을 말한다. 미래에 일어날 일을 예언해 훗날 그 예언이 적중했다면 나는 예언자가 되는 것이고, 틀려도 그만인 것이다.

왜냐하면 그때쯤이 되면 모두가 그 말을 기억도 안 하고 있을 것이며, 현재가 아닌 그다음에 펼쳐질 미래를 걱정하고 있기 때문이다.

종교지도자 및 무속인들의 예언을 보면 아래와 같다.

"머지않아서 (훗날 또는 빠른 시일에) 인류가 하늘의 제왕이 되는 날 지구의 하늘은 붉게 물들 것이며 땅은 뒤집힐 것이다. 우리가 생각할 수 없는 존재가 나타나 우리와 싸울 것이다."

이 예언은 나도 할 수 있다. 코에 걸면 코걸이, 귀에 걸면 귀걸이가 되는 것이다. 이제 내가 이 예언을 실현시켜 보겠다.

늘 있는 비행기 사고를 예언에 끼워 맞춰 보겠다. 200명의 사람을 태운 비행기가 태평양에 떨어졌다고 가정하자.
* 머지않아서 – 이건 어느 날에나 다 해당되는 날이다.
* 인류가 하늘의 제왕이 되는 날 – 비행기
* 지구의 하늘이 붉게 물들 때 – 낮에 떨어졌다면 다 해당되고, 밤에 떨어졌다면 더욱 해당될 것이다. 왜냐하면

비행기에 불이 붙어 검은 하늘을 불빛으로 붉게 만들기 때문이다.

* 땅이 뒤집힐 것이다 – 땅은 곧 인간이니 인간이 많이 죽는 걸 의미하는 것이다. 만약 비행기가 땅에 떨어졌다면 적중률 100%가 되는 것이다.

* 우리가 생각할 수 없는 존재가 나타나 우리와 싸울 것이다 – 죄 없는 소방관들이 총출동했는데 생각할 수 없는 존재, 즉 뜻하지 않게 원유 유출과 직면하지 않겠는가? 결국, 소방관들이 하는 원유정제작업에 맞추면 될 것이다.

사실 종말론이나 예언이라는 것은 일부 위와 같은 내용의 일종이다. 또한 인간은 늘 재앙이 닥칠 때마다 충분히 이런 식으로 상황을 합리화하면서 서로를 또는 자신을 위로하고 끼워 맞출 수 있다고 본다.

"빠른 시일 안에 물이 널 덮칠 것이야."
"훗날 하늘에서 너에게 심판을 내릴 것이야."

이런 말들은 생각하기 나름이거나 그 분위기와 상황에 따라 달라진다고도 생각한다. 이것은 일부 종교와 무속인들만이 사용하는 것이 아니다. 타로에서도 부분적으로 쓰이고 있다.

"누군가 당신을 좋아하고 있네요. 그 사람은 지금 당신이 생각지도 못한 곳에서 나타날 것이며, 고백을 하기 위해 준비하고 있어요. 아, 약간은 재고 있기는 하지만 근본적으로 당신을 좋아는 하고 있어요. 하지만 지금 때가 아니라고 생각하고 용기가 없어 나서지 못하고 있네요."

이 말에 모든 남녀들이 설레거나 인연을 기다린다. 인간은 누구나 미래를 알 수 없고 상대방의 마음을 알 수 없고 눈에 보이는 것 외에는 알 수 없는 것투성이니 더욱 그런 것이다.

그럼 이제 이것을 연애에 적용해 보겠다.

타로술사가 "누군가 당신을 좋아하고 있네요. 그 사람은 지금 당신이 생각지도 못한 곳에서 나타날 것이며, 고백을 하기 위해 준비하고 있어요. 아, 약간은 재고 있기는 하지만 근본적으로 당신을 좋아는 하고 있어요. 하지만 지금 때가 아니라고 생각하고 용기가 없어 나서지 못하고 있네요."라고 당신이 평소 좋아하는 그녀와 타로를 보러 갔을 때 혹은 그녀가 보고 온 것을 이야기할 때, 그것을 잘 기억해 두었다가 조용하고 분위기 좋은 곳에서 이렇게 말하면 되는 것이다.

> 남자: 수정이는 겉은 강해도 속은 여린 애 같아. 그래서 대인관계뿐만 아니라 사랑에서도 사소하게 상처를 받는 일이 알게 모르게 많아서 누가 진짜 내 사람인지 모를 때도 있는 거 같아.
>
> 여자: 그래? 잘 모르겠는데요?
>
> 남자: 근데 네 옆에 있는 사람이 너를 진심으로 위하고 있지만, 오히려 너는 그것을 못 느끼고 있지. 그 사람은 항상 너에게 연락하고 때로는 밀고 때로는 가까이 하는 사람일 거야. 네가 전혀 생각지도 못하는 사람 말이야. 밤마다 너와 통화를 한다든지, 많은 얘기를 사심 없이 나눈다든지.

그녀와 자신의 상황을 간접적으로 암시하듯 얘기한다. 여자가 알게 모르게 자신을 좋아해 주고 배려해 주는 사람이 당신이라는 것을 어느 정도 생각해 보면 알 수 있게 이야기를 적절하게 하면 되는 것이다.

유혹과 연애에서 상대방이 듣고 싶은 말만 하거나 보고 싶어 하는 모습
위주로 보여 주고, 원하는 상황을 연출한다면 여성에게 호감을 얻어내
는 데 아주 큰 역할을 할 것이다.

3부 언어의 연금술사

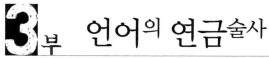

1장

분위기 전환기법과
패턴 인터럽션

패턴 인터럽션을 유혹에 적용하는 개념은 이렇다. 이야기의 흐름을 거침없이 파괴해 버리면 분위기를 끊을 수 있거나 그로 인한 감정을 중단해 버릴 수 있다. 그리고 아무 일 없다는 듯이 내가 의도한 것을 처음부터 다시 진행한다. 원하지 않는 분위기와 상황을 중단하고 반전하는 상태, 그때를 '패턴 인터럽션'이라고 할 수 있다.

남자: 이름이 뭐예요?

여자: 희정이라고 해요.

남자: 몇 살이에요?

여자: 25살이에요.

남자: 아~ 그럼 민정 씨는 어디 살아요?

여자: 신도림 살아요.

남자: 직장은 어디세요?

여자: 그냥 회사 다녀요.

남자: …….

여자: …….

만약 이렇게 얘기를 했다고 가정하자. 최악의 상황을 의도적으로 가정했다. 위의 시점에서 남자는 거의 자멸할 가능성이 아주 크다. 분위기는 서서히 침묵으로 기울 것이다.

마술을 이용한 상황 벗어나기

패턴 인터럽션의 기술이 필요할 때가 바로 이럴 때인데, 아주 간단하고 누구나 조금만 배우면 쉽게 사용할 수 있는 마술로 설정했다. 분위기가 나락을 치고 죽어 가고 있을 때, 기존의 의미 없거나 지루한 주제를 끊어 버리고 분위기를 전환하고 끌어올리기 위해 마술을 사용하면 된다.

    남자: 이름이 뭐예요?

    여자: 희정이라고 해요.

    남자: 몇 살이에요?

    여자: 25살이에요.

    남자: 그럼 민정 씨는 어디 살아요?

    여자: 신도림 살아요.

    남자: 직장은 어디세요?

    여자: 그냥 회사 다녀요.

    남자: ······.

    여자: ······.

바로 이때 분위기 전환을 위해 마술을 사용하는 것이다.

    남자: 아, 미안해요. 제가 조금만 관심 있거나 흥미 있으면 질
         문이 많아져서······. 혹시 마음을 알아보는 심리테스트 한
         번 해 볼래요? (카드를 자연스럽게 꺼내며) 예전 동아리에
         있을 때 친한 형이 가르쳐 준 건데 정말 재미있어요. 희정
         씨가 마음속으로 카드 한 장을 생각해 보세요. 절대 바꾸

지 마시고요. 마음속으로 생각한 그 카드를 맞혀 볼게요. 근데 그냥 맞힐 수는 없고요. 희정 씨가 조금 알려 주어야 해요.

여자: 어떻게 알려 주나요?

남자: (영화 〈ET〉에 나오는 손가락 인사를 보이며) 이렇게 해 보세요. 희정 씨가 생각하는 그 카드의 느낌을 손가락 끝으로 저에게 전해 주세요.

여자: ^^

남자: 느낌이 조금씩 오는데요. 빨간색이고 다이아 아니면 하트인데, (눈을 잠깐 마주친 후) 하트네요. 빨간색이고 하트이고 (하트 7 꺼내면서) 이거 맞죠?

여자: 네~ 와우 정말 신기하네요.

여러 가지 수식어와 스토리텔링을 인용해 그녀의 흥미를 끌어올리고, 마지막에 그 카드를 맞추면 된다. 그러면 분위기는 다시 좋아질 것이고 다른 대화주제나 소재거리로 전환해 반전을 모색할 수 있을 것이다.

2장

언어 구속 기법-
생각한 대로 유도하기

언어 구속 기법은 상대를 점점 내가 원하는 방향이나 모습 또는 태도로 몰고 가는 방법이다. 여성들이 약속을 일방적으로 파기하거나 거짓말을 일삼을 때, 그것을 원천 차단하는 방법이 없을까 늘 고민하던 중 고안하게 되었다.

연예인 A양과 기자가 인터뷰를 한다고 가정하자

기자: 요즘 S라인 몸매의 여자 배우들은 조깅화를 가지고 있다던데, A양은 몇 개나 가지고 있나요? → 이렇게 얘

기한다면 여자는 분명 있지도 않은 조깅화를 세 켤레 정도 가지고 있다고 할 것이다. 이 질문에는 '조깅화를 가지고 있는 여자 배우들은 S라인 몸매'라는 전제조건이 깔려 있기 때문이다. 만약 "저 조깅화 같은 거 안 신는데요? 저 뛰는 거 정말 싫어해요."라고 말한다면, 마치 S라인 몸매가 아니라는 말로 들릴 수 있기 때문이다.

A양: 저는 세 켤레정도 가지고 있는 것 같아요.
기자: 그렇군요. 이번에 연말이라 전지현, 김희선, 하지원 같은 톱스타들이 하나같이 자선 기부와 무료 봉사를 하신다고 하던데, A양은 어떤 계획이 있나요? → 이번 겨울, 숨겨둔 남자 친구이랑 묻지 마 해외여행을 떠날 예정이었으나 A양은 그 톱스타들과 비슷한 수준으로 둘러댈 것이다.
A양: 저는 무의탁 노인에게 김치를 배달할까 합니다. 또한 이번 행사의 수익금을 전액 기부할까 합니다.

이것이 언어 구속 기법이다. 언어 구속 기법은 어떤 특정 기준을 설정하고, 그 사람들이 한 행동을 전제하여 상대방에게 똑같은 기준과 상황을 주고 어떻게 행동할 것인지를 물어보는 것이다.

이것을 연애의 기술에 이용하자.

대화 예시1

여자: 저 남자 친구 있어요.

남자: 그래요? 그래도 그쪽이랑 알고 지내고 싶어요.

여자: 그래요, 그럼.

남자: 요즘은 예쁜 여자들이 마음도 착하고 의리도 좋던데 설
　　　마 남자 친구 있다고 갑자기 연락 끊고 그러지는 않겠죠?

여자: 아니요. 전 안 그래요.

대화 예시2

남자: 〈반지의 제왕2〉 봤어?

여자: 아니, 근데 재미있다고 다들 난리야.

남자: 나도 보고 싶기는 한데 넌 주말에 뭐해?

여자: 친구들 보기로 했는데 어떻게 될지 모르겠어.

남자: 나랑 영화 보러 가자.

여자: 그럴까?

남자: 근데 너 친구들 보기로 했다며!

여자: 흠, 어떡하지? 어떻게 될지 모르겠어.

남자: 나랑 놀자. 오랜만에 너랑 영화도 보고 맛있는 것도 먹으면 좋을 거 같아.

여자: 히히, 알겠어.

남자: 흠…….

여자: 왜? 걱정 있어?

남자: 사실 여자들 중에 기분 좋을 때는 약속만 하고 그냥 취소하는 애들도 있던데…….

여자: 아니야, 난 안 그래.

남자: 그래? 믿어도 돼?

여자: 응. 주말에 영화 콜!!

남자: 알겠어.

애프터 취소 및 신뢰를 강조할 때 효과를 볼 수 있을 것이다.

3장

마음을 얻는
신비의 마법거울 효과

어느 날, TV에서 〈백설공주〉를 보게 되었다. 진실(본래의 모습)을 아는 것인지 거울을 볼 때마다 기분이 아주 좋아지는 여왕의 행동을 보면서 여성의 본성과 습성에 아주 부합한다는 것을 알게 되어 만들게 되었다.

입이 나온 사람에게 입이 나왔다고 한다면 매우 화내거나 기분이 상할 것이다. 얼굴이 큰 사람에게 얼굴이 큰 것이 아니고 "평균이고 보통이야."라고 한다면 매우 기분이 좋아질 것이다.

유혹과 연애에서 상대방이 듣고 싶은 말만 하거나 보고 싶어 하는 모습 위주로 보여 주고, 원하는 상황을 연출한다면 여성에게 호감을 얻어내는 데 아주 큰 역할을 할 것이다.

다른 한편으로 보았을 때 '상대방이 진정 원하는 것을 알아내어 그것을 선물로 주는 것'이라고도 정의할 수도 있다.

여성의 반응을 보면서 자신이 지금 실수하고 있거나 말을 잘못하고 있다고 판단될 때, 여성의 마음을 알고 무엇을 원하는지 알아내서 다른 대안을 제시한다면, 여자를 일방적으로 설득하려고만 하는 다른 남자와 차별화되기 때문에 좋은 기술이라고 할 수 있다. 그렇기 때문에 이 기술은 눈치가 빠른 사람이 유리할 수도 있다.

특히나 한창 연애 중인 그녀에게 결정적으로 신뢰와 사랑을 얻어낼 수 있으려면 꼭 알아 두어야 할 개념이다.

상대방이 듣고 싶어 하는 조건과 이야기를 찾아내야 한다. 하지만 그것을 어떻게 찾아낼 것인가?

여자: 오빠는 사랑이 뭐라고 생각해?

남자: 사랑은 같이 감싸 주고 기다리고 오래 참고 서로를 위해 주는 거라고 생각하지.

여자: 그렇구나. → 무반응 (그녀의 진짜 의도를 알아야 한다.)

남자: 하지만 이제 진짜 사랑을 알게 됐어. 진짜 사랑은 서로의 믿음과 가치관을 나누는 것이라고 생각해. 네가 그렇게 열심히 믿는 하느님이 어떤 분인지 나도 알고 싶어. 오빠도 성당 한번 다녀 볼까? → 여성이 듣고 싶어 하는 말

여자: 아~ 정말? → 급호감

남자: 응~ 널 좋아하니깐 네가 좋아하는 종교도 공유하고 싶어.

여자: 아~ 정말 생각만 해도 좋다.

위의 상황을 한번 설명해 보겠다.

사귀는 사이에서 여자는 남자를 좋아하고 배우자로 생각하고 있지만, 다른 어떤 부분보다 종교적인 관점이 걸렸었다. 여기서 여성이 진정 원하는 것은 일반적인 여자가 요구하는 것이 아닌 바로 종교적인 파트너를 원한다는 걸 알 수 있다.

이렇듯 상대방이 뻔한 조건이나 말을 한다고 생각할 때 재빠르게 알아차리고 반전을 주는 것이다.

4장

여성이 의지하고
내편이 된다!

멀티플 임플리케이션(Multiple Implication)은 상대방이 무슨 생각을 하는지, 숨은 의도가 무엇인지를 알아내는 데도 중요하게 쓰일뿐더러 여성이 하고 싶은 말이나 고민을 얘기할 때, 나에게서 편안함과 친밀감을 느끼게끔 하는 데 많은 도움이 된다.

누구나 사이좋게 여자랑 친해지기를 원할 것이다. 그럼 멀티플 임플리케이션의 원리는 무엇일까? 멀티플 임플리케이션의 기본원리는 "너를 알고 있고 이해하고 있다는 것"에서 출발한다. 이미 내가 너를 이해하고 공감하고 있으니, 나에게 무슨 말을 해도 안전하고 좋다는 분위기를 조성하는 것이다.

이 안정은 유혹의 단계에서 나는 너의 외모가 아닌 너와 인간적으로 친하게 지내고 싶다는 측면으로 여성에게 접근하는 것과 같다고 볼 수 있다.

항상 말하지만, 예쁜 여성들은 늘 남자들에게 외모에 대한 칭찬을 받아 왔다. 그리고 예쁜 여성에게 접근하는 남자의 모든 친절과 작업의 끝은 바로 "네가 제일 예쁘니깐 좋다."라는 결론과 함께 섹스가 마지막 목적임을 여성에게 전달한다.

일반 남자들이 의도하든 의도하지 않았든 예쁜 여자들은 그런 남자들을 너무나 많이 만나 봤고, 당신도 예외가 아니라 생각하게 될 것이다.

그러나 이 남자는 '나의 인간적인 모습을 봐주고 내적인 고민까지 이해와 공감을 하고 알아준다.'라고 생각할 때, 편안한 이성적 매력을 느끼게 되어 있다.

멀티플 임플리케이션은 연애기술자인 나 역시 여자에게 느끼기도 한다. 늘 수강생들이 지켜보는 가운데 반드시 유혹에 성공해야 한다는 부담감에서 남들이 보았을 때 예쁘기만 한 여자들(내 스타일이 아닌 여자)을 많이 상대하지만, 간혹 조금 덜 예쁘지만 굉장히 나를 편안하게 해 주는 여자가 있다. 어떤 면에서는 '특별한 사이'라는 개념이라고도 말할 수 있지만, 나는 그녀와 특별한 파트너의 개념을 넘어서 앞으로 회사를 계속 다닐 것인지, 선거에서 누구를 찍을 것인지, 외계인은 정말 있을까와 같은 얘기 등을 나누면서 정말 편안함을 느낀다.

그녀는 멀티플 임플리케이션을 나에게 쓰지 않지만, 내가 보았을 때 그녀의 가장 강력한 무기가 바로 이 멀티플 임플리케이션 기법이라는 것을 알게 되었다. 그녀는 남자들이 자신과 얘기하면 무척 편안하고 이해심 많다고 들었다고 한다.

그리고 이런 여자들의 대부분은 남자를 한번 사귀면 오래 사귀는 경향이 있는데 그것은 남자가 그녀에게서 계속 편안하고 이해를 받고 싶어서 관계를 지속하고 싶어 했기 때문이다. 즉, 남자도 의도하지 않게 멀티플 임플리케이션을 잘하는 여자에게 빠진다는 것이다.

그럼 남자가 느꼈던 그 편안하고 좋은 느낌을 자신이 좋아하는 여자에게 전달하고 그런 사이로 이끌어 갈 수는 없을까? 남자가 여자에게 멀티플 임플리케이션을 어떻게 사용하는지 한번 살펴보자.

여자가 고민이나 걱정이 있는 듯한 상황−직장 얘기를 자주할 때

갑자기 직장 얘기를 자주 한다는 것은 할 말이 없어서가 아니라 직장에 무엇인가 문제가 발생했다는 것이다.

남자: 세상에 공짜는 없는 것 같아~ 먹고 사는 게 보통일은 아니잖아. → 고민에 대한 대화유도
여자: 응, 그런 것 같아.
남자: (다 알고 이해하고 있다는 듯한 표정) 그치? 요즘 보니깐 네가 직장에 너무 집중하는 거 같아. → 간접적으로 말을 건네면서 유도
여자: 그냥 뭐 그렇지.

남자: 왜~ 넌 정말 성실하게 열심히 하고 있잖아.

여자: 그치? 요즘에 팀장 때문에~ (중략) 그래서 나를 의심하는 거야~

남자: (다 알고 이해하고 있다는 느낌으로) 그래? 넌 분명 일부러 그러는 건 아니었을 거니깐~

여자: 그러니깐 내말이…… . (블라블라)

남자: 참 말이라는 게 사람을 죽이고 살리는 거 같아.

여자: (블라블라~)

남자: 난 네가 그런 의도가 전혀 없다는 게 느껴지는데?

여자: (블라블라~)

남자: (다 알고 이해하고 있다는 느낌으로) 원래 직장이라는 곳이 그래~

당신은 여자의 말에 어떤 해결책을 내거나 이렇게 저렇게 결론을 내려줄 필요는 없다. 말하는 그 여자에게 상황에 따라 구체적 해결책이 아닌, 문제 하나하나의 입장을 전적으로 이해하고 같이 응원해 주고 싶다는 느낌만 주면 되는 것이다. 그렇게 했을 때 여자들이 가장 좋아했다.

당신은 그녀와 사업 파트너가 아니기 때문에 절대 싫은 소리나 충고를 할 필요가 없다.

간혹 진실을 말해 주겠다고 의협심에 불타 설교하듯이 말하는 남자들이 있다. 그 순간은 어떻게 잘될지 몰라도, 여자들은 뒤돌아서 시간이 지나면 결국 설교나 싫은 소리를 한 당신보다는 공감해 주고 달콤한 말을 해준 다른 남자에게 더 호감을 느끼고, 더 연락하기 편하다고 생각할 것이다.

좋아하는 여성에게 다른 경쟁자가 나타나거나 남자 친구가 있는 상황이
발생할 경우도 있을 것이다. 그럴 때는 경쟁자 또는 남자친구를 절대 직
접적으로 비방해서는 안 된다. 그러면 그녀는 당신이 그 남자 친구를 비
방한 만큼 당신을 안 좋아할 것이기 때문이다.

4부 선수들의 노하우

1장

여자의 이상형을
나로 만들기

'이미지 체인지 기법'이라는 것이 있다. 이미지 체인지 기법의 원리는 원래 사람이 생각하는 상식으로 받아들이는 것을 내가 인위적으로 우리 둘 사이에서 바꾸거나 설정하는 것이다.

그래서 그녀가 이것을 볼 때마다 그 이미지를 떠올리게 하는 것이다. 보통은 보디랭귀지와 사물을 이용해 무의식중에 내가 원하는 이미지를 떠올리게 한다.

말을 할 때 혹은 이 단어를 쓸 때 특정한 보디랭귀지를 한다면, 그 동작을 할 때마다 여자는 그 단어 또는 그 상황을 생각할 것이다.

손을 이용하는 방법

평소 여자와의 대화 시 보디랭귀지를 생활화해야 한다.

오른손으로, 그녀가 생각하는 이상형이나 매력적인 남성상 또는 그녀가 원하는 사랑에 대해 물어본다. 그리고 그것에 관해 10분~20분 정도 얘기한다. 오른손을 사용하여 계속해서 물어보거나 권하는 식의 보디랭귀지를 하면서 얘기의 흐름을 계속 이어 간다. 최대한 긍정적으로 잘 들어 주고 즐겁게 얘기할수록 좋고 분위기에 맞춰 주는 것도 좋다.

왼손으로, 그녀의 싫어하는 남성상이나 과거 연락했던 나쁜 사람들에 관해 얘기를 한다. 이런 부정적인 얘기는 길게 할 필요가 없는데, 오래 하면 여자가 옛 감성에 젖어 분위기가 죽거나 진행이 힘들어지기 때문에 3분 정도만 잠깐 얘기하는 것이 좋다.

다시 오른손으로, 나의 얘기를 한다. "나는 사랑이란 이런 거라 생각한다. 나는 여자 친구를 사귈 때 '이렇게' 사랑을 나누었고, 앞으로 생길 여자 친구는 더 '이렇게' 사랑해 줄 것이다."라고 말한다.

여기서 말한 '이렇게'는 '그녀의 이상형' 혹은 '그녀가 원하는 사랑'이다. 단, 같은 표현은 금지! 다른 표현과 단어를 사용하여 비슷한 내용을 전개시켜야 할 것이다.

상황을 종합해서 말하면, 여자와의 대화 도중 자연스럽게 오른손으로 보디랭귀지를 하면서 그녀의 이상형에 대해 물어보고 얘기한다. 그리고 자연스럽게 오른손을 내리고 왼손을 들면서 그녀의 싫어하는 남자 스타일을 얘기하고, 대화가 끝나면 또다시 오른손을 들고 나에 대한 얘기를 할 때 그녀의 이상형에 자연스럽게 부합시켜 얘기한다.

2장

남자 친구 이미지에
흠집 내기

　이미지 체인지 기법에서 보디랭귀지가 아닌 사물을 이용하는 방법이 있다. 물론 위에서 언급한 이상형이나 좋은 이미지를 만드는 데 활용할 수도 있겠지만, 이번에는 반대로 부정적인 이미지로 한번 사용하는 방법을 알아보도록 하겠다.

　보통 좋아하는 여성에게 다른 경쟁자가 나타나거나 남자 친구가 있는 상황이 발생할 경우도 있을 것이다. 그럴 때는 경쟁자 또는 남자 친구를 절대 직접적으로 비방해서는 안 된다. 그러면 그녀는 당신이 그 남자 친구를 비방한 만큼 당신을 안 좋아할 것이기 때문이다.

그래서 무의식에 경쟁자를 안 좋은 이미지에 같이 겹치게 한다면 조금씩 효과가 있다. 직·간접적으로 비방하지 않고 이 방법을 사용하면 매우 효과적일 것이다.

남자 친구(경쟁자)를 안 좋은 이미지로 만들기

휴대폰을 경쟁자에 비유해서 이야기한다. 무의식에 기대어 여성에게 휴대폰을 그 남자(경쟁자 또는 남자 친구)로 비유하게 해서 말을 하게 한 뒤 최대한 그 휴대폰과 경쟁자를 자연스럽게 동일 시 하도록 한다. 얘기를 어느 정도 하게 되면 '휴대폰=다른 경쟁자(남자 친구)'로 의인화되거나 상징화될 것이다.

그리고 자연스럽게 다른 소재의 이야기를 한 뒤 다시 이번에는 내가 대화의 주체가 되어 요즘 뉴스나 사건에 나오는 이상한 사람이나 나쁜 사람의 이야기를 꺼내면서 그 휴대폰을 동일한 방법으로 의인화 또는 상징화를 한다. 아무렇지도 않게 이야기하는 도중 "그 이상한 사람(나쁜 사람)이 말이야. 예를 들어서, 아~ 이 핸드폰을 그 사람이라고 가정해 봐."

하면서 안 좋은 사건사고나 일화를 소개하며 얘기를 진행하면 되는 것이다.

여성의 표정이나 느낌이 적당히 안 좋아질 때쯤 화제를 전환해 다른 얘기를 하면 되는 것이다. 그러면 시간이 지나면서 그녀는 그 경쟁자에 대한 이미지가 안 좋아질 것이고, 운이 더 좋으면 선입견을 가지게 될 것이다.

휴대폰을 보면서 내 생각하게 만들기

휴대폰에 그녀의 이상형 또는 좋아하는 남자의 상을 비유로 들어 보라며 말하게 한다. 그리고 '휴대폰=이상형' 또는 '매력적인 남자'로 의인화나 상징화시킨다.

그다음 잠깐 다른 이야기한 후 자연스럽게 "근데 나는~"이라고 하면서 여자의 휴대폰을 들고, '나 자신=휴대폰'으로 의인화 또는 상징화를 통해 비유하면서 그 휴대폰에 똑같이 요즘 내가 생각하는 남자의 자격이나 사랑에 관해 얘기한다. 그리고 휴대폰을 여자에게 준다.

3장

남자 친구 있는
여자 공략법

　처음 연애에 눈을 뜨고 가장 먼저 느낀 것은 '바로 조금 괜찮은 여자들은 다 남자 친구가 있구나.'라는 점이다. 그래서 남자 친구 있는 여자들을 스틸을 해 올 수도 있고, 남자 친구가 있는 여자 공략법에 집중할 수도 있었다.

　하지만 그 예쁜 여자의 남자 친구는 대부분 평범했으며, 나와 약간 이성적으로 친해지고 있다는 것을 알았을 때는 두 가지 극단적인 반응을 보였다. 하나는 떠나 달라고 매우 애원하거나 다른 하나는 나를 공격하겠다고 매우 협박했다.

그럴 때마다 그냥 넘어가 주었지만, 어느 날은 나를 화나게 한 적도 있었다. 그래서 그때는 이성적으로 친해지고 있는 여자의 남자 친구가 강하게 나와서 그보다 더 강한 모습을 보였고 대부분은 허무하게 물러서거나 꼬리를 내렸다.

자신의 여자 친구를 너무 사랑한다기보다는 떠날까 봐 전전긍긍하거나 더더욱 구속하였다.

또한 남자 친구가 있는 그 예쁜 여자와 친해지는 사이를 유지했을 때, 남자 친구랑 크게 다투거나 군대를 가거나 출장을 가거나 타지로 발령을 받는 것과 같은 기회가 종종 찾아오기도 했다. 연애초보일 때는 '하늘이 주신 기회다.'라고 생각하여 총력전으로 그녀를 유혹했지만, 성사되는 것은 아무것도 없었다.

그리고 더 시간이 지나서 연구한 끝에, 처음부터 남자 친구에 대해 전혀 언급하지 않고 존재 자체를 부정하거나 그녀가 언급한다고 해도 무시했을 때, 앞에서 언급한 '기회'라고 생각할 수 있는 일이 일어나지 않아도 순조롭게 사이가 좋아졌고 잠자리도 가능했다.

이에 대해서는 여자들의 심리를 정확하게 알 수 없어 더 연구해 봐야겠지만, 중요한 결과는 나와 함께 있는 시간에 남자 친구를 언급하는 것은 하나의 큰 의무를 상기시키는 것과 같다는 것이다. 좋아하는 여자가 남자 친구랑 싸워서 헤어지고 싶다고 한다거나 군대나 지방발령을 받았을 때 솔직히 기다리기 힘들고 그렇게까지는 좋아하지 않는다는 말했을 때, 대부분의 남자들은 여자의 남자 친구를 험담하고 흠집 내기에 집중할 것이다. 하지만 그 행동은 오히려 나를 멀어지게 했다.

그럼 가장 좋은 방법은 무엇일까? 그것은 바로, 그냥 들어주기만 하면 된다는 것이다. 부정도 긍정도 아니라 그냥 계속 나에게 편하게 털어놓을 수 있게 분위기를 조성하고, 이걸 기회로 순수하게 친해지기에 집중했을 때, 결과는 훨씬 좋았다.

그래서 남자 친구가 있는 여자에게는 어떤 유도되고 계획된 대화더라도 나랑 있을 때 남자 친구를 상기시키는 것 자체를 하지 않는 것이 가장 좋은 방법이고, 남자 친구 얘기나 험담을 할 때 절대 그것에 동참해서는 안 된다는 것이다. 이렇게 했을 때 가장 좋은 결과를 보였다.

4장

여자 속마음을
꿰뚫어보는 기술

우리가 흔히 아는 분노와 슬픔, 기쁨과 행복, 두려움과 도전, 사랑과 거짓 등 인간의 감정들은 혼합적으로 나타나기 마련이다.

여자를 정확하게 읽어 내기 위해서는 기본적으로 평소 여자의 얼굴 표정과 억양을 중심으로 다양하게 관찰해야 한다. 감정을 나타내는 전형적인 얼굴 표정과 억양이 어떤지 주의 깊게 관찰하는 것이 좋다.

여성을 만나면서 '무엇인가 이상한데 왜 이럴까?'라고 생각하는 것은 남자의 직감이 있기 때문이다. 그리고 대부분 자신의 느낌이 맞다고 나는 말하고 싶다.

거짓말을 한다는 증거를 파악 할 때 우선적이고 전체적으로 얼굴과 억양에서 찾아볼 수 있다. 만들어지거나 의도된 얼굴 표정은 거짓말의 증거가 된다. 여자의 얼굴을 좌우나 위아래 등 비례적 대칭으로 보았을 때, 서로 맞지 않는 어색한 표정이 보인다면 거짓말을 한다는 증거로 의심해 볼 수 있다.

웃을 때 크게 웃지만 여성과 눈이 마주치는 아이컨택(eye-contact)이 되지 않는다든지 차가운 눈빛을 보낸다든지 마지막에 마주치던 눈을 돌린다든지 하는 것이 그 예이다.

거짓 미소를 짓는 이유는 인위적인 미소를 보여 줌으로써 상대방에게 자신이 싫어하는 감정을 감추거나 귀찮은 일을 방지하거나 상대방을 안심시키기 위함이다. 그러므로 여자의 거짓 미소를 알치라는 것은 매우 중요한 일이다. 여성의 감정도 알지 못한 채 지금 하고 있는 구애나 데이트를 일방적으로 이끌어 간다면 시간 낭비이자 감정 소모이기 때문이다.

거짓말하는 여자의 진정한 속마음을 알고 싶다면, 평상시 그녀에게서 나타나는 표정과 보디랭귀지를 파악한 후, 순간적으로 그 말을 할 때의 눈빛과 얼굴표정을 살피거나 몸짓을 보는 게 좋다. 나와 반대적으로 자세를 취하고 있거나 어깨를 움츠리는 방어적인 자세를 보고도 파악할 수 있다.

"오빠, 너무 미안한데 사실 이번 주 토요일은 안 될 거 같아. 갑자기 삼촌댁에 가야 해서……."

여자의 갑작스러운 연락 감소나 스케줄 변화는 우리 사이에 어떤 변화가 생겼다는 것을 의미할 것이다. 그리고 다른 남자가 생겼다면 약속을 취소하거나 만나는 것을 미룰 것이고, 조금씩 조금씩 옛날에는 보이지 않던 태도를 보일 것이며 가장 중요한 섹스를 안 할 것이다.

또한 평소 나를 좋아하지 않거나 무관심하던 예쁜 그녀가 아무 이유 없이 혹은 이해할 수 없는 이유로 갑자기 호감과 친절을 베푼다든지, 갑자기 평소보다 나에게 잘해 주는 것은 당신이 좋아진 게 절대 아니다. 당신에게 무엇인가 필요해졌기 때문이다.

지속적으로 그녀에게 유혹의 작업을 하고 있고 호감도가 천천히라도 상승하는 단계라면 그 상황은 고려해야겠지만, 그렇지 않은 상태에서 그녀가 갑자기 당신에게 그렇게 행동한다면, 그녀는 당신에게 이성적 호감이 아닌 다른 목적이 있기에 접근했을 가능성이 아주 크다.

그것은 아마도 대부분 자신이 좋아하는 남자에게서 질투심을 느끼게 하려고 당신에게 잘해 주거나 친구들이나 조직으로부터 곤란한 상황에 처해서 사회적 친밀도가 떨어졌을 때, 곤란한 상황에서 벗어나기 위해 당신을 잠시 선택했을 가능성이 매우 높다. 혹은 당신이 갑자기 권력자가 됐을 때일 것이다.

open skill

상대방에게 거짓말을 잘할 수 있는 여건을 만들어 주면 안 된다. '이게 무슨 말이지?' 하는 사람도 있을 것이다. 방법은 아주 간단하다. 상대방에게 'yes'나 'no'라고 확실하게 대답할 수 있는 질문만 안 하면 된다.

예를 들어, "너 어제 몇 시에 들어갔어?"라고 묻는다면 여자는 너무나도 간단하게 "어제 아파서 9시에 일찍 잤다."고

5장

거짓말을
읽어 내는 기술

할 것이다. 그럼 여기서 더 물어보는 것은 오히려 당신을 여자나 의심하는 스토커로 궁지에 몰고 갈 가능성이 높다. 단순히 여성에게 "예스"나 "노"로 대답하게 하는 것은 주도권을 넘겨주는 일이 될 것이다.

여성이 거짓말을 한 것 같다고 의심이 되면 최대한 그 당시쯤의 상황에 대해 말을 많이 시키는 것이 유리하다. 즉 열린 질문을 해야 한다.

"어제 왜 전화 안 받았어?"라고 물어본다면 여성은 "어제 아팠어. 일찍 잤어."라고 말할 것이다.

그러나 당신이 앞으로 추궁 할 목적이나 의심하는 느낌을 전혀 느끼지 못하게 먼저 어제 내가 있었던 재미있는 에피소드를 얘기한 후, "너도 어제 재미있는 일이 있었을 거 같은데 듣고 싶어."라는 느낌과 분위기를 전달하면서 "어제 재미있는 일 있었나 봐? 친구들이랑 뭐하고 놀았어?"라고 얘기를 꺼낸다면 말을 길게 할 것이다.

그럼 당신은 지금 그녀가 하는 말과 처음 했던 말의 일치성을 속으로 분석하거나 기습적으로 앞부분에 했던 얘기를 되물어보라. 여성은 매우 당황할 것이다. 꾸며 낸 말이니, 갑자기 물어보면 생각이 안 날 게 분명하기 때문이다.

silence skill

거짓말을 알아내는 또 다른 방법은 침묵을 지키는 것이다. 자백전문가들은 의도적으로 침묵을 지킨다. 범죄자가 고문실에 들어오면, 자백전문가는 아무 말도, 아무 짓도 하지 않는다. 그냥 모든 것을 알고 있다는 표정과 태도 그리고 너의 모든 범죄가 여기 기록되어 있다는 식의 서류들만 있으면 된다.

그리고 시간에 상관없이 침묵을 유지한 채 상대방을 응시하면 된다. 아무 말 없이 상대방을 쳐다보는 것만큼 정신적으로 스트레스가 쌓이고 심리적으로 불안한 일은 없을 것이다. 결국 범죄자는 그 불안한 상태를 견디지 못하고 모든 것을 자백하고 만다.

이것을 연애에 적용해 보면 여성이 잘못이나 거짓말을 했을 때 "다 알고 있어 그러니깐 다 털어봐. 용서해줄게."라는 식의 방법이다. 일단은 많은 말을 하지 않아서 좋고, 여성과 신뢰가 있는 사이거나 비교적 마음이 여린 여성에게 비교적 해당할 것이다.

그러나 이 방법은 주의사항이 요구된다. 남녀의 프레임이 남자가 위에 있다면 가능할 것이지만, 남녀가 동등한 연애관계이거나 대부분 여자가 위일 경우는 안 통하기 때문이다. 이 방법은 수사관은 갑이고 피의자는 을이라는 상황 속에서 이루어지는, 그야말로 태생부터가 갑을관계에서 나온 방법이라고 저자는 생각하기 때문에 여자가 남자보다 위에 있는 프레임 속에서는 고려해 보아야 할 것이다.

여성이 거짓말을 했을 때 밑도 끝도 없이 남자가 '다 알고 있어. 그러니깐 네가 잘못한 것이잖아. 다 털어놔 봐. 왜 그랬어?'라는 식의 눈빛과 태도와 분위기를 조성한다. 여자는 여기에 반격기로 증거도 없이 의심하고 믿어 주지 않는다며 울고 난리를 치게 될 것이고, 도리어 상황은 역전될 것이다. 분명 여자 친구가 잘못했을 것 같은 모든 정황과 의혹을 뒤

로하고, 남자가 우는 여자를 달래고 용서를 구하는 모양새가
되어 버릴 것이다.

　명백한 증거도 없이 '다 알고 있어.'라는 식으로 침묵을 지
킨다. 여자는 "나 못 믿어?"라며 눈물을 흘린다. 남자는 용
서를 빈다. 이 공식이 성립할 수도 있기 때문이다. 그래서
정황이나 의심이 갈 때 쓰기보다는 명백한 증거가 있는 상황
이나 이미 잘못한 사실이 있을 때 쓰면 더 효과적일 것이다.

6장

의도한 상황으로
유도하는 법

의도한 상황으로 유도하는 기법 중에 하나를 아날로그 마킹(Analogue marking)이라고도 하는데, 여성과의 대화 시나 데이트 때 사용할 수 있는 기법만 다루어 보도록 하겠다.

여성에게 말을 할 때 특정한 또는 의도된 의사 전달 시에 목소리나 보디랭귀지로 변화를 주어, 내가 하고자 하는 의도를 특정단어로 강조함으로써 감성적 자극을 주는 것이다.

목적이 되는 특정 단어의 문장을 어떤 방식으로 강조하느냐 하는 것이 핵심이다. 일반적으로 이야기할 때는 보통 목소리로 얘기하다가, 내가 원하는 상황과 목적의 단어에 힘을 주어 강조하듯이 자연스럽게 이야기하는 것이다. 예를 들어, 아래와 같이 얘기한다고 가정해 보자.

"지혜야, 사랑에 대한 감정을 한번 떠올려 봐. 일반적인 사랑은 기대감, 편안함, 포근함, 따뜻함을 느끼는 반면에 앞으로의 사랑은 설레고…… 두근거리고…… 미소가 지어지고…… 행복과 기쁨…….."

앞의 '일반적인 사랑'에 대해 얘기할 때, 즉 "지혜야, 사랑에 대한 감정을 한번 떠올려 봐. 일반적인 사랑은 기대감, 편안함, 포근함, 따뜻함을 느끼는 반면에" 부분을 얘기할 때는 보통 속도로,

두 번째인 '앞으로의 사랑'을 얘기할 때, 즉 "앞으로의 사랑은 설레고…… 두근거리고…… 미소가 지어지고…… 행복과 기쁨…….." 부분은 목소리를 차분하고 느리게 하는 것이다.

그러면 두 번째 이야기하는 것에 사람은 더 집중하게 된다. 앞에 얘기했던 일반적인 사랑보다는 앞으로의 사랑에 대해 이야기할 때 더 차분히 더 천천히 이야기하니, 더욱 집중되고 각인되는 것이다.

실제 아날로그 마킹에 대한 예시를 살펴보도록 하자.

남자: 지혜야~ 오늘 원래 양력으로 봄인데 날씨가 변덕이 심해서 그런지 바람 불고 왠지 조금 춥잖아. 이럴 때는 서로 같이 붙어 다녀야 해. 여기 사람들 봐봐, 다들 서로 나란히 남녀커플들끼리 잘 붙어 다니잖아. 그리고 이렇게 같이 붙어 다니는 게 사람들 많은 번화가에서는 지혜한테도 더 즐겁고 따뜻할 것 같아.

여자: 그런가?^^

남자: 당연하지. 내가 추위를 잘 타서 같이 붙어 다니면 서로 체온도 나눌 수 있어서 좋잖아. 그리고 번화가에는 차도가 많잖아. 네가 안쪽으로 들어와서 오빠 옆에 이렇게(팔짱끼는 자세) 있으면 안전하고 좋을 거야.

그녀: ^^

남자: 자~ (팔짱끼는 자세)

원래 하고자 했던 목적 단어(밑줄 친 부분)를 설정하고, 그것에 강한 어조를 준다. 그냥 대화를 듣는 것 같지만, 사실상은 듣는 사람의 무의식에 계속 강조되므로 나중에는 당연하고 정당성 있는 이유로 들리게 되고, 결국 그것을 수락하게 되어 있다.

또한 강조하고자 하는 말과 단어에 보디랭귀지와 아이컨택을 같이 적절히 첨부를 하면서 제스처나 리액션을 조금 더 크게 하는 것이 효과적이다. 물론 전화 통화에서도 해당하기 때문에 다방면으로 활용이 가능하다.

의도적으로 사용할 때, 일반적인 정당성을 더욱더 강조하고 합리적인 이유로 만들 수 있다. 사귈 때나 모텔 입성에도 응용하면, 내가 의도하는 말에 힘이 실리기 때문에 더 성공률을 높일 수 있을 것이다.

7장

잠입명령,
무의식에 새겨 넣다

앞에서 언급한 내용들은 잠입명령의 일종이기도 한데, 이 것은 의식적과 무의식에 말을 거는 것과 같다.

여성이 처음에는 당신이 왜 붙어서 걸어야 하는지 그 이유를 모른 채 그냥 그 얘기를 듣기만 할 것이다. 의도성을 숨기고 얘기한다는 것은 매우 좋은 방법이다. 왜냐하면 처음부터 의도를 알아차리게 되면, 대부분의 여자들은 현재의 감정 상태를 기반으로 미리 결론을 내리게 된다.

그래서 의도성을 숨긴 채 "날씨가 춥고 사람들이 많으니 우리가 붙어 다녀야 한다."고 말하는 것이다.

내가 원하는 단어에 아날로그 마킹의 기법으로 강조하며 얘기한다면, 여성은 이미 붙어 다녀야 된다는 것에 대한 거부감이 조금씩 사라지고 당연시 받아들일 것이다.

그리고 제일 마지막에 여유 있고 상큼한 미소로 팔짱의 자세를 취하면, 여성은 웃음과 함께 자연스럽게 응하는 원리이다.

중요한 것은 첫 만남에 내 모든 것을 다 걸어야 한다는 것이다. 왜냐
하면 여자는 남자에게 단 한 번의 기회만 주기 때문인데, 그 한 번의
기회가 바로 '첫 연락+첫 만남'이라 최대한 임팩트 있는 매력과 유혹을
발산하는 것이 가장 좋다.

5부 완벽한 데이트 기술

1장

쓰리 원 킬(3-1kill):
데이트 로드맵

쓰리 원 킬(3-1 Kill)의 뜻

세 번의 만남을 데이트 로드맵으로 잡다. 또는 세 번의 만남을 전제하고 세 번째 만남에서 그녀를 완전히 사로잡는다는 뜻이다. 킬(kill)은 죽인다가 아닌 '마무리를 짓다, 사로잡는다'라는 뜻임을 알린다.

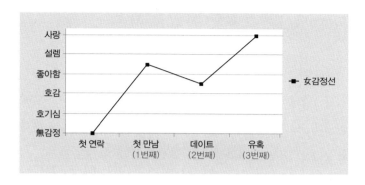

    대다수 여성들은 세 번을 기준으로 삼는다. 거의 대부분의 여성이 세 번째 만남에도 나온다면, 당신을 최소한 잠재적 이성 친구 후보로 생각하고 있다는 것이다.

첫 번째 만남

    그래프에서도 나와 있듯이 첫 만남 전 연락으로 최대한 친밀도와 호감도를 상승시킨 후 만나는 것이 유리하다. 그리고 첫 만남에서는 최대한 강력한 매력을 보이고 유혹을 해야 하기에 술을 마시는 것이 좋다. 첫 만남에서 바로 술 약속을 잡는 방법을 모르거나 어색하다면 〈연애의 기술〉을 참고하시길 바란다.

중요한 것은 첫 만남에 내 모든 것을 다 걸어야 한다는 것이다. 왜냐하면 여자는 남자에게 단 한 번의 기회만 주기 때문인데, 그 한 번의 기회가 바로 '첫 연락+첫 만남'이라 최대한 임팩트 있는 매력과 유혹을 발산하는 것이 가장 좋다.

약속 30분 전에 미리 데이트장소에 도착해 그 일대를 살피고 만남장소와 술집까지의 동선과 거리를 체크한다. 또한 처음 가는 술집이라면 미리 방문해 어떤 메뉴와 어느 자리에 앉을지도 생각해 두어야 할 것이다. 여성과 나, 이 둘은 가장 고립된 장소에 앉는 것이 제일 좋은 방법이다. 이것을 전문용어로 'isolation'이라고 한다.

처음 약속장소에서 만났을 때 어떻게 인사하고, 같이 걸어가면서 대화의 기술과 루틴을 응용해 무슨 말을 할 것인지를 미리 생각해 두고 최소한 30분은 얘기할 수 있는 소재거리를 준비해 가는 것이 좋다.

30분 정도 얘기하면 여성이 조금씩 경계심을 풀고 편안함을 찾을 것이다. 그 후에는 서로 대화를 조금씩 주고받게 될 것이다. 첫 만남은 2~3시간 정도 아주 재미있게 얘기하고 쿨하게 보내 주는 것이 좋다.

첫 만남에서 지하철이나 버스정류장까지 바래다주는 것도 좋은 방법이다. 물론 차를 태워 주는 것도 좋은 방법이고 그냥 보내는 것도 좋은 방법이다. 이렇게 다 좋은 방법이냐고 말하는 이유는 헤어질 때 그녀와의 상황에 적절하게 대응하면 되는 것이기 때문이다.

친목을 더 쌓는 것이 좋다고 판단하거나 드라이브를 하고 싶으면 집에 가는 길에 태워 주면 되고, 적당한 긴장감과 오늘은 딱 여기까지가 좋다고 판단한다면 그냥 보내면 된다. 또한 "지하철이나 버스정류장까지 바래다줄게."라는 배려와 매너의 제안 자체만으로도 그녀에게 좋은 인상을 심어 줄 것이다.

그러나 지하철이나 버스정류장까지 바래다주는 것은 좋지만 지하철이나 버스를 같이 타고 가는 것은 경험상 좋지 않았다. 특히나 사람이 많이 있는 버스와 지하철을 같이 타는 것은 더 안 좋은 결과를 낳았다.

여자가 갈 때는 뒷모습을 어느 정도 지켜봐 주는 것이 예의이다. 그 이유는, 첫째 내가 잘 가고 있는지 확인하는 것처럼 생각되므로 안전함과 든든함을 느끼고, 둘째 나와 시간을 함께 더 보내고 싶은 마음에 아쉬워서 내 뒷모습을 바라볼 것이라는 생각 때문이다.

두 번째 만남

그녀가 나를 만나러 두 번째 만남에 나온다거나 혹은 첫 번째 만남 후 연락이 된다는 것은 아주 좋은 현상이다. 본격적으로 유혹을 해도 좋다. 첫 번째 만남에서는 술을 마시며 유혹하는 데 주력했으니 두 번째 만남은 낭만적인 데이트를 통해 편안함과 신뢰감을 심어 줄 차례이다. 술 빼고 '커피→드라이브→식사→영화'와 같은 코스를 설정한다.

두 번째 만남에서 정말 맛있는 검증된 맛집에서 식사를 하는 것도 좋은 방법이다. 여자는 의외로 정말 맛있는 음식을 먹으면 기분이 매우 상승하면서 그 식사를 제공한 당신에게까지 매력을 느끼거나 호감이 더 상승하는 현상이 일어난다.

식사를 할 때 패밀리레스토랑처럼 편안하고 약간의 소음이 있는 장소, 즉 이야기하기에 편안하면서도 고급스러운 곳이 좋다. 같이 음식을 선택하면서 서로 좋아하는 것을 챙겨 주면 친밀도를 높일 수 있다.

진부하게 여겨질 수도 있지만, 커피를 마시고 영화를 보러 가는 길에 이동하면서, 간단하게 꽃집이나 노점상에서 꽃 한 송이를 사서 선물하는 것도 아주 좋은 방법(꽃다발보다는 즉석에서 꽃 한 송이를 선물했을 때 더 좋은 결과를 보였다)이다. 의외로 여자들이 꽃 선물을 받아 보지 못했고 부담 없는 꽃 한 송이를 선물하는 것은 그녀의 이성적 감정을 더욱 끌어올리는 작용을 한다.

신촌에서 영화를 보고 이태원에 가서 밥을 먹으러 가면서 드라이브하는 것도 좋은 방법이다. 남녀가 차를 같이 타고 남자가 운전하는 것 자체가 아주 호감을 주는 행동이기 때문이다. 또한 짧은 시간 안에 여자랑 여기저기 최소한의 시간을 투자해 장소를 이동한다는 것은 선대에서부터 내려온 좋은 데이트 기술이다.

그래서 여성을 만났을 때, 쓰리 원 킬과 같은 로드맵이 있어야 한다. 처음 만났을 때는 언제나 마지막이라는 마음으로 최선을 다해 유혹하고, 두 번째부터는 약간 여유를 갖고 낭만적인 데이트를 하면서 편안함과 신뢰를 구축하는 것이 좋다.

세 번째 만남

세 번째 만남에도 그녀가 나온다면 확신을 가지고 자신감 있게 그녀를 유혹하면 된다. 또한 마지막 총력전이라고 생각해야 할 것이다. 첫 번째 만남에서처럼 동일하게 술을 마시면서 유혹했던 방식 그대로 최선을 다해 유혹을 해야 하는데, 이 세 번째 만남에서는 스킨십을 추가해도 좋다.

세 번째 만남에서의 본격적인 대화공식과 스킨십 스킬은 스피드 시덕션 단락의 데이트 술자리 대화공식과 퍼펙트 스킨십 테크를 참고하면 된다.

하지만 세 번째 만남에서도 그녀가 사소한 스킨십조차도 허락하지 않는다거나 데이트 비용을 당신에게 모두 부담시키거나 당신의 말과 행동에 집중하지 않고, 산만하고 오히려 짜증나는 행동을 하는 등 더 이상의 관계 진전이 힘들다고 느낄 때는 과감하게 관계를 정리하는 것이 필요하다. 아니면 그녀와의 사이는 잠깐 여유를 두고 다른 여자에게 집중하는 것도 좋은 방법이다.

또한 연락하거나 만나는 여성이 세 명 정도가 되도록 항상 유지하거나 만들어야 하는데, 시간이 필요한 여성을 단시간에 정복하기 위해 총력전을 하면서 힘을 낭비하는 것보다는 나에게 호감이 있는 여성들과 연락하고 만나면서 즐거움과 여유를 갖는 것도 좋은 방법이기 때문이다.

세 명의 여성을 동시에 유혹한다면, 당신이 솔로로 남지 않고 커플이 될 확률이 그만큼 더 높아진다는 것이다. 내가 〈연애의 기술〉에서도 언급했듯이 항상 유혹의 기본은 세 명의 여성을 동시에 작업해야 한다. 그래야 혼자 남겨지는 불행이나 한 여자에 집착하면서 굴욕당하는 상황으로부터 벗어날 수 있기 때문이다.

2장

가장 이상적인
데이트 장소 잡는 법

　데이트 장소를 선정할 때 알아야 할 것이, 사람이 많은 주말 강남 같은 곳을 약속 장소로 잡지 않는 것이 좋다는 사실이다. 왜냐하면 만약 그녀의 회사가 강남에서 가까워 주말 저녁에 강남역에서 보자고 건의를 했겠지만, 주말에 강남을 가본 사람들은 알 것이다. 주말의 강남은 사람 지옥이 따로 없다. 더군다나 좋은 맛집과 술집은 만석이라 기본 1시간은 대기해야 할 것이다.

　그럼 낭만적이고 즐거운 데이트를 할 수 없게 되고 짜증만나게 될 것이다. 그리고 돌아오는 길에 사람들에게 치이거나 시달린 피로함과 불쾌함을 여성은 강남을 만남 장소로 정한 자신의 잘못으로 생각하지 않고, 데이트를 주도적으로 이끌 지 못한 당신의 무능과 잘못이라고 생각하고 모든 책임을 전가할 것이다. 데이트 장소를 주말에 핵심번화가에서 잡는다면 모든 맛집과 술집을 예약해 두든지 아니면 사람들이 없는 한적한 곳이나 자신이 가장 친숙하고 자신감 있고 잘 아는 곳으로 잡는 것이 가장 좋다.

그리고 앞에서도 언급했듯이 약속 30분~1시간 전에 미리 와서 예행연습과 사전답사를 모두 끝내야 할 것이다. 여기서 만나서 여기로 걸어가고 여기 술집으로 가서 어디 앉을 것이며 어떤 메뉴와 술을 주문할 것인지, 또 어떤 분위기와 연출로 유혹할 것인지 사전 점검을 해야 한다.

3장

여자 언어법-
간접적 심리 읽어 내기

    남자는 여자의 호감 반응과 비호감 반응을 먼저 알아야 한다. 아래는 실제 통계에 의한 수치이므로 신뢰할 만하다. 대부분의 여자에게 나타나는 반응이므로 주의 깊게 살펴보길 바란다.

    여성들은 남자들과 달리 직설적이거나 직접적으로 표현하지 않는다. 자신의 뜻을 돌려서 비유나 간접 설명을 통해 전달한다. 단지 남자들이 그것을 모르고 넘어가거나 신호를 느끼지 못한 것뿐이다. 실제 대화 예시를 통해 살펴보도록 하자.

여자의 호감 반응

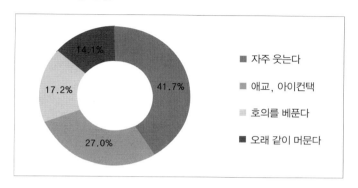

- 자주 웃는다
- 애교, 아이컨택
- 호의를 베푼다
- 오래 같이 머문다

여자의 비호감 반응

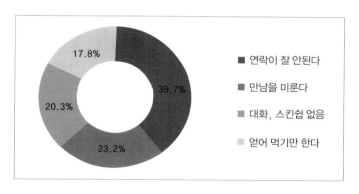

- 연락이 잘 안된다
- 만남을 미룬다
- 대화, 스킨쉽 없음
- 얻어 먹기만 한다

여자: 오빠, 친구랑 같이 사는데 친구 애인이 처음에는 가끔씩
오더니, 이제 내가 없을 때는 매일 오는 거야.

남자: 그렇구나. 근데 왜 그러는 거야? 너한테 피해가 생겨?

불편해?

여자: 사실은 나 없을 때 내 친구가 맨날 자신의 애인을 불려서 그걸 해.

남자: 아, 정말?

여자: 응. 이제는 내 눈치도 안 보고 출입하고 나보고 오히려 '나가 있어.'라고 얘기한다니깐?

여자가 나에게 스킨십이나 사랑에 대해 먼저 얘기한다면, 그것은 오늘 당신과 그렇게 하고 싶다는 가능성이 높다.

결국 그녀는 그날 나와 사랑을 나누고 이렇게 얘기했다. 사실 친구가 애인이랑 계속 사랑을 나누는 것을 보고 자신도 그동안 하고 싶었지만 애인이 없어 못했는데, 오빠를 알게 되었다고 했다.

4장

결국 승리하는 남자-
선택받고 이끌어 내기

데이트 약속을 잡을 때나 만남을 제시할 때, 〈픽업아티스트 연애의 기술〉에서도 언급했듯이 물질적 조건적 이익이 아니라 감정적 이익을 제시해야 한다고 했다.

여자들은 남자를 만날 때 이익이 되어야 만나지만, 조건형 만남(밥 사 드릴게요, 영화 보여 드릴게요, 차 태워 드릴게요)을 제시하는 것보다는, 감성과 낭만의 이익을 제시하는 것이 좋다. '나랑 만나면 너에게 아주 비싼 무엇인가를 사 주겠다'가 아니라 '당신이 지금 나랑 연락하면서 느끼는 이 흥미롭고 즐거운 대화가 실제로 만나면 더 배가될 것'이라는 것을 제시하라는 말이다.

감성자극이 여성에게 정말 필요한 이유는 딱 한 가지 이유뿐이다. 연애라는 것이 바로 감성이기 때문이다. 사람과 사람이 살아가는 데 좋아하는 사람들 위주로 만나듯 연인은 좋아하는 감정이 반드시 전제되어야 한다.

특히나 여성은 연애에 있어서 좋아하는 마음이 들지 않는다면 절대 당신에게 마음의 문을 열지 않을 것이다. 열 번 찍어 안 넘어가는 나무는 아주 많으며, 자칫하면 도끼가 부러질 수도 있다.

여성에게 강압과 강요는 유혹에 있어서 매우 비효율적이다. 실제로 여성에게 "나 만나 주면 선물도 주고 영화도 보여 주고 맛있는 것도 사 주고"와 같은 많은 조건을 걸어도, 이것에 의해 여성이 만나러 나오는 것이 아니라 그것을 명분으로 내가 좋아서 나오는 것이다.

이런 거에 정말 나오는 여자는 거의 없다. 만일 있다면,

당신은 그녀를 만나도 아무 성과도 이루지 못하고 돈 낭비와 시간 낭비만 하게 될 것이다.

나는 계속 유혹의 단계에서는 환상을 심어 주라고 강조했는데, 그것은 절대 속임수나 포장이 아니다.

유혹에 있어 서로에 대해 환상을 심어 주고 이끌리는 것은 반드시 수반되어야 한다. 당신이 그녀의 아름다운 외모와 섹시한 몸매에 성적으로 이끌려서 혼자만의 환상(섹스나 스킨십)에 빠져 그녀를 좋아하게 되는 것과 같이 말이다.

유혹을 넘어 연애를 하는 도중에도 유효할 것이다. 다만 이때는 '환상'이라고 하기보다는 '꿈'이라고 표현하고 싶다. 연애 중반으로 접어들면 그녀에게 잘 보이기 위한 유혹의 기술은 그만두어야 한다. 더 이상의 효과는 크지 않기 때문인데, 우리 사이를 다시 결속시키기 위한 것 꿈이라는 것을 심어 주어야 한다.

같이 열심히 돈을 모아서 이사를 하자고 한다든지, 또는 단기간에 이룰 수 있고 같이 할 수 있는 목표를 세우고, 같은 미래를 꿈꾸며 설계하는 것만큼 여자가 나를 더 신뢰하고 확실히 내 옆에 있게 하는 방법은 없을 것이다. 따라서 그녀를 절대적으로 내 옆에 두고 싶다면 미래에 대해 같이 설계하고 꿈을 꾸고 이루어 나가야 한다. 그러면 당신의 옆을 떠나지 않을 것이다.

여자는 그저 결혼해 달라고 조르는 남자보다는 "결혼하면 매일 너랑 같이 한강이 보이는 근사한 집에서 저녁을 먹고 싶어." "힘들게 일하고 집에 돌아왔을 때 네가 반겨 준다면, 세상에서 제일 행복한 남자일 것 같아." "우리 결혼하면 10주년이 되는 날 꼭 파리로 여행 가자."와 같이 그 행복하고 설레는 상황을 연상하게 하고 꿈꾸게 하는 것이 더 좋다는 것이다. 그것이 설령 말뿐인 걸 알더라도 말이다.

여자를 상상하게 하는 남자!
여자를 꿈꾸게 하는 남자!
그 남자가 결국은 승리하게 되어 있다.

5장

금지된 광고 서브미널 +
제비술 후광효과

서브미널 효과

"내가 원하는 것을 그녀 스스로 선택하게 하라!"

서브미널 효과(Subminal Effect)는 TV 화면에서 특정화면을 순간적으로 사람이 인지하지 못할 정도로 짧은 시간 안에 노출시키는 기법인데, 실제로 시청자가 TV를 보면서 광고를 하고 있다고 인지하지 못한다.

사람이 인지하는 시간보다 더 짧게 계속 0.1초씩 그 화면을 삽입한다면, 직접 육안으로 보지 못하지만 그 광고에 대해 무의식적으로 호감을 갖고 익숙해지는 것이다. 실제로 미국에서는 이 때문에 서브미널 효과 기법의 광고를 금지하고 있다.

이 기법은 잠재적으로 의도한 바를 유도할 수 있다. 그녀에게도 이와 비슷한 방법을 쓸 수 있을 것이다. 그녀에게 은근히 암시를 주어라.

"벌써 가을이네요. 올해도 유명한 해외 뮤지션들의 공연이 많던데요?"라고 운을 띄우는 대화는 독신 여성들에게 자연스럽게 애인을 가지고 싶다고 생각하게 만든다.

이 기법은 무의식이나 잠재의식에 계속 세뇌하거나 의도한 바를 조정하고 호감을 살 수 있다. 서브미널 효과를 여성에게 쓸 수는 없을까? 물론 있다.

"여름에는 커플들끼리 해수욕장에 가서 수영하고 펜션에서 고기 구워먹는 게 정말 낭만적인데~ 넌 여름에 뭐하고 싶어?"

"주말은 연인들끼리 교외를 신나게 달리면서 음악을 크게 트는 거야. 불어오는 바람을 느끼면서 강으로 놀러 가는 거지. 그곳에서 같이 강도 구경하고 근처 맛집에서 식사도 하면, 왠지 설렐 것 같아."

라고 말한다면 일반적인 대화 기법처럼 보이겠지만, 듣는 사람 입장에서는 그 영상이 떠오르게 된다. 그리고 자연스럽게 이번 여름에 자기도 애인을 만들어서 가고 싶다는 생각을 하게 될 것이다.

이런 종류의 멘트를 계속한다면, 대화 중에 여성은 애인을 만들고 싶어지는 욕구가 점점 커질 것이고 당신이 같이 갈 것을 제안한다면 긍정적인 반응을 보일 것이다.

후광효과

이 후광효과는 대부분 선수들이 여성을 작업할 때 주로 많이 하는 방법 중에 하나이다. 여성으로부터 완벽한 믿음과 신뢰를 이끌어 내는 기술인데, 이것은 사실 일반인들도 다 알고 있고 일상에서 사용하지만, 거의 대부분은 역효과를 내거나 오히려 망치는 부분이 많다.

혹시 당신은 믿음을 키우기 위해서는 어떤 요소가 필요하다고 보는가? 필자는 바로 눈에 보이는 증거들이 있어야 한다고 말한다. 법적으로는 증인도 있어야 한다. 바로 이 증거와 증인을 적극 활용하는 것이다.

여자를 유혹할 때는 그녀가 좋아하는 쪽으로 최대한 맞추어 대부분 화술에만 집중한다. 그러나 정말 선수급이라면 완벽한 연출과 연기를 구사한다. 바로, '말'을 넘어 '증거와 증인을 동원'하는 것이다.

여성의 심리를 잘 알기에 이미 첫 등장부터 아주 강력한 인상을 심어 주는 것이다. 보통 남자와는 전혀 다른 자신의 수준을 보여주고 그녀에게 자신만의 세계와 비전에 대해 감정적으로 얘기하며 그녀에게 공감을 얻는다.

마치 그녀도 이제는 그와 한배를 타고 가는 선원인 것처럼 많은 공감대를 형성하고 걱정과 기쁨을 나누고, 그 남자에게

매료될 것이다.

　1차적으로 높은 가치와 등급의 '증거'
　2차적으로는 그것을 입증할 '증인'이 필요하다.
　미리 자신과 잘 맞는 파트너를 준비시키고, 그녀와의 만남에 우연히 등장시킨다. 세 명이서 같이 있을 때는 재미있고 즐겁게 있지만, 주인공이 자리를 비운 사이에 파트너가 그녀에게 나에 대한 준비된 연출과 대사를 하게 한다.

　준비된 연출과 대사를 하고 내가 등장하면, 내가 의도한 색깔의 후광효과가 나타날 것이다. 그리고 그 이야기에 대해서는 언급하지 않고 즐거운 시간을 보낸 후 세 명이서 동시에 헤어진다면, 그녀는 집에 돌아가면서 당신이 의도한 다른 면에 대해 점점 생각에 잠길 것이다.

좋아하는 여자가 생기고 접근을 했는데 무관심이나 비호감의 반응을
보인다면 일단은 한발 물러나 적당한 밀고 당기기와 무관심을 보여야
한다. 먼저 가까워져야 되니 그녀에게 필요한 남자가 되거나 순수하
게 친해지기를 통한 편안함과 신뢰를 차근차근 구축해 나가면 그녀가
무엇을 좋아하는지 또 무엇을 싫어하는지와 같은 많은 정보를 얻을 수
있을 것이다.

6부 스피드 시덕션 기술

Sense Seduction Skinship-스피드 스킬

3S 기법(Sense Seduction Skinship)

3S 기법은 유혹의 기술 핵심 3요소이다. 이 3요소를 기억하고 파고들었을 때, 유혹의 가장 빠른 길이라는 것임을 명심하길 바란다. 지금까지는 sense, 즉 감성에 대한 것을 알아보았다. 그러므로 seduction에 대해 알아보아야 할 것이다. 유혹이라는 것을 전체적인 부분으로 말할 수도 있고, 본격적으로 일명 '작업을 거는 행위'로 말하기도 한다.

3S 기법의 원리

호감반응

원래 호감이 있는 여성을 유혹하는 것은 큰 실수만 없다면 잘될 것이니, 간략하게만 설명하도록 하겠다. 먼저 처음 접근(어프로치: approach)했을 때부터 호감반응을 보였다면, 연애의 기술을 통해 친해지고 유혹해서 사랑을 이루면 된다.

단, 유혹의 기술에 의해 차근차근 밟아 가야지만 당신에게 호감이 있는 그녀를 놓치지 않을 것이다. 실수만 하지 않고 유혹의 기술대로 일련의 과정을 모두 거친다면 잘될 것이다.

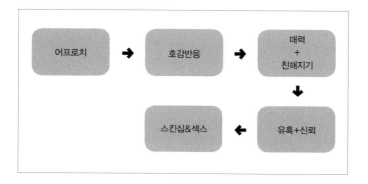

비호감의 반응

처음 접근했을 때부터 나에게 무반응 또는 비호감을 보일 때는 왜 그런지에 대해 알아야 한다. 여자들이 나를 거절하거나 비호감으로 생각한다면 그 첫 번째 원인을 나의 첫인상인 외모와 분위기 그리고 언행에서 찾아야 할 것이다.

좋아하는 여자가 생기고 접근을 했는데 무관심이나 비호감의 반응을 보인다면 일단은 한발 물러나 적당한 밀고 당기기와 무관심을 보여야 한다. 먼저 가까워져야 되니 그녀에게 필요한 남자가 되거나 순수하게 친해지기를 통한 편안함과 신뢰를 차근차근 구축해 나가면 그녀가 무엇을 좋아하는지 또 무엇을 싫어하는지와 같은 많은 정보를 얻을 수 있을 것이다.

모든 여성을 단기간에 유혹할 수 없고 시간이 필요하기에 동호회, 종교, 친목모임 또는 거래처 등 자주 만날 수 있는 여건을 만들어야 할 것이다. 특히 모임에서는 임원이나 대표가 되는 것도 당신에게 플러스가 될 것이다.

앞에서 얻은 그녀의 정보를 조합하고 이런 환경을 만들어서 공략한다면, 당신에게도 기회가 찾아올 것이다.

여성이 계속 무관심이나 비호감의 반응을 보이고 있는데, 일명 "작업 거는 행위"를 하거나 혼자만의 감정이 충만한 상태에서 갑자기 고백하거나 호감을 선언하는 행위를 한다면 상황은 더욱 악화될 것이다.

〈픽업아티스트 연애의 기술〉에 나오는 '감정적 평행이론' 도 참고하시길 바란다.

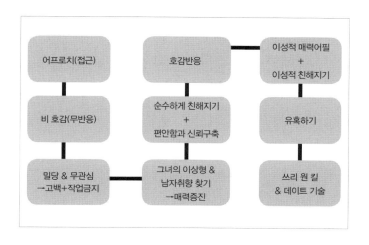

이것을 'Slow Seduction'이라고도 하는데 지금 당장 돌아가는 길인 거 같지만, 오히려 더 빨리 가는 길이 될 것이다. 이런 일련의 모든 과정을 거친다면 분명 좋은 결과가 있을 것이다. 하지만 가장 중요한 것은 그 일련의 시간 속에서도 당신이 멋있는 남자가 되기 위한 노력을 계속해야 하고, 변화된 모습을 점점 그녀에게 보여야 당신과 친해지는 만큼 이성적으로도 다르게 본다는 것이다.

2장

감성자극+상상기법:
연락과 대화의 이중성!

　'감성자극과 상상기법'은 여자를 유혹할 때 꼭 필요한 핵심적 개념이다. 먼저 여성에게서 이성적인 단계를 끌어내기에 앞서 상상기법은 〈픽업아티스트 연애의 기술〉에 나오는 문자기술과 상반되는 법칙이다. "연락의 기술 문자" 편에서는 간결하고 남자답게 보내고 구구절절하게 보내지 말 것이며, 절대 세 줄을 넘기지 말라고 했다. 그러나 전화와 대화에서는 아주 많은 상상적인 묘사를 동원해 여자와 대화를 하여야 한다. 이 말의 의미는 여자는 대화 내용과 사실에 중점을 두기보다는 분위기와 오감을 중요하게 생각한다는 말이다.

물론 이것은 단순히 화술만을 강조하는 것은 아니다. "사랑해."라고 말하는 그 행위가 중요한 것이 아니라 어떤 분위기와 장소에서 하느냐가 중요하다는 말이다. 유혹하는 단계에서 처음 "사랑해."라는 말을 할 때는 지나가다 슬쩍하기보다 아껴 두었다가 근사한 카페나 로맨틱한 장소, 또는 사랑을 나눈 후에 한다면 여자에게 더욱 강렬하게 각인될 것이다.

우리가 흔히 말하는 절묘한 타이밍에 말하는 것은 마치 영화에서 나오는 주인공의 등장과도 같은 효과를 낼 수 있다. 여자에게 다른 남자와 차별화된 무언가를 원한다면, 어느 정도의 계산과 전략, 연출의 노력을 기울여야 한다.

3장

데이트 술자리 대화루틴 및
유혹 공식

여성과 단둘이 대화하는 상황이라고 가정해 보았을 때, 지금까지 앞에서 많은 심리학기법과 이론을 알게 되었고 대화 예시와 루틴(공식)들이 있었다. 하지만 많은 분들이 그것을 종합해 어떻게 구체적으로 말하고 이끌어 갈지 모른다고 하기에 지금까지 알게 된 모든 기법과 대화루틴을 종합해 보도록 하자.

남자: 지현아, 우리 같이 심리테스트해 볼까? (카드를 자연스럽게 꺼내며) 예전 동아리 있을 때 친한 형이 가르쳐 준 건데,

정말 재미있어. 마음속으로 카드 한 장을 생각해 봐. 절대 바꾸지 말고. 마음속으로 생각한 그 카드를 맞혀 볼게. 근데 그냥 맞힐 수는 없고. 네가 조금 알려 주어야 해.

지현: 어떻게?

남자: (영화 〈ET〉에 나오는 손가락 인사를 보이며) 이렇게 해 봐. 지현이가 생각하는 그 카드의 느낌을 손가락 끝으로 나에게 전해 줘.

지현: 이렇게 하면 되?

남자: 응. 느낌이 조금씩 오는데…… 빨간색이고 다이아 아니면 하트인데? (눈을 잠깐 마주친 후) 하트네, 빨간색이고 하트이고 (하트 7 꺼내면서) 이거 맞지?

지현: 응 신기해. 이거 어떻게 한 거야? (절대 마술의 비밀을 알려주어서는 안 된다. 알려 주는 동시에 당신의 가치도 하락 한다. 이 신기함과 재미가 '눈속임 또는 손 기술=이 사람은 눈속임 또는 손 기술 사용한 남자=신뢰 할 수 없다' 또는 '알고 보니 별거 아니었네 흥미 떨어졌음= 당신도 알고 보면 별거 아니거나 흥미 떨어졌음'의 공식이 되는 것이다.)

남자: (여유 있게 웃으며) 이건 마술트릭이 아니라 우리가 서로 마음이 통했기 때문에 가능했던 거야. 한 잔 할까? (믿는 건 자유지만 이렇게 말하면 여성은 '혹시나' 또는 '그럴지도 몰

라.'라고 생각한다.)

지현: 응.^^

남자: 오늘이 원래 양력으로 봄인데 날씨가 변덕이 심해서 그런지 나올 때 바람도 불고 조금 춥지 않았어? 저기 창밖에 사람들 봐 봐, 다들 남녀 커플들끼리 붙어 다니는 거 보니깐 엄청 행복해 보여. →의도한 상황으로 유도하는 법(아날로그 마킹 기법) 참조

지현: 그러네.

남자: 지현아 혹시 강아지 키워?

지현: 나 애완동물 싫어하는데~

남자: 근데 널 보면 왠지 강아지나 애완동물이 연상되는데~ 그런 소리 안 들어?

지현: 오빠, 내가 개 같아?ㅋㅋ

남자: 아니, 개 같다는 게 아니라 강아지처럼 귀엽다고.

지현: 고양이 상이 더 예쁜 거 아닌가?ㅋ

남자: 난 강아지가 더 좋아~ 너 강아지처럼 귀여워. 우리 지현이 사료 사 줄까?

지현: 난 초코 맛 아니면 안 먹어.ㅋ

남자: 주는 대로 먹어야 예뻐해 주지~

지현: 아, 웃겨ㅋ.

남자: 근데 지현이는 남자들한테 인기 많을 것 같은데? 많이 사귀어 봤을 거 같아.

지현: 나 인기 별로 없는데, 많이 안 사겨 봤어. (보통 여자들은 이렇게 얘기한다.)

남자: 중·고등학교 때는 여자 얼굴을 많이 따졌거든? 근데 나이 먹을수록 점점 여자의 내면을 보게 됐지. 물론 여자의 외모를 안 보는 건 아니야. 하지만 그건 어디까지나 1차적 요소이고, 그것이 지나고 나면 서로에 대한 믿음이나 신뢰가 더 중요하다는 사실을 알게 되었어. 사실 지금은 외모가 예쁘면 물론 좋겠지만, 진정성이 있는 사람이었으면 좋겠어.

지현: 나도 그렇게 생각해~

남자: 내가 볼 때 너는 남자를 물론 외적인 부분도 보지만 내적인 면, 그러니까 그 남자의 인격이나 성품, 책임감 같은 것을 더 중요하게 생각하지 않아? → 만인에게 통하는 대화술(스톡스필) 참고

지현: 응.

남자: 왠지 그럴 거 같아서~ 사람의 겉모습을 보고 판단하는 다른 여자와는 다르게 본질을 보려고 노력하는 것 같아. 눈에 보이는 것보단 느낌과 감성에 많이 이끌리는 것 같

아~ 사실 나도 그렇거든. 너를 처음 봤을 때 다른 사람들은 너의 외모에 호감을 느꼈을지 몰라도 나는 왠지 뭐라고 할까~ 같이 술 먹을 때 대부분 화장 고치기에 바쁜데 너는 주변 정리를 먼저 하는 것에 조금은 달라 보였어.

지현: 그런가? 내가 좀 괜찮은 여자이지^^

남자: 너 그거 알아? 미국의 심리연구소에서 한 연구인데, 예쁜 여자들의 사회적 책임감이 못생긴 여자들에 비해 강해서 오히려 거절을 잘 못한대~ 자, 이제 오빠 말 잘 들어야지. 물 한 잔 줄래? → 언어구속기법+Yes세트 〈연애의 기술〉 내용 중 유머로 응용

지현: 아 이런 거였어?ㅋㅋ (물을 주며) 여기. (여성에게 물을 달라고 하는 이유는 작은 것부터 점점 Yes와 순응도를 높이는 것이다.)

남자: 고마워.(순응에 대한 보상으로 여성이 주는 물은 마셔야 한다.) 근데 지현이는 왠지 동생일 거 같아. 혹시 언니나 오빠 있어?

지현: 아니, 나 남동생 있어.

남자: 그렇구나. 그냥 말도 잘 듣고 귀여워서 쓰담쓰담 해 주고 싶은 느낌이 들어서.

지현: ㅎㅎ 원래 이렇게 말 잘해?(여성의 테스트)

남자: 아니, 나는 아무하고나 얘기 안 하는데? 나 원래 쓸데없이 말하는 싫어해.

지현: 아, 그렇구나.

남자: 단지 나는 내가 좋아하는 사람에게 호감을 얻기 위해 노력을 할 뿐이야. 노력하는 남자는 어떻게 생각해?

지현: 노력하는 남자 좋지!!

남자: 물론 네가 만나본 사람 중에 내가 가장 잘난 사람은 아니겠지만, 내가 가장 노력하는 남자일 거야.

지현: 아니야, 오빠는 스타일도 멋져.^^

남자: 지현아, 만약에 어떤 훈남이 널 정말 좋아한대. 근데 알고 보니 대화도 정말 잘 통하고 괜찮은 사람인 거야. 지현이는 처음 보는 그 사람과 사랑에 빠질 수 있다고 생각해? →아날로그마킹+이미지 기법. 이 말의 배경은 우리 상황을 우회적으로 말하는 것이다.

지현: 음…… 응~ 그럴 수도 있다고 생각해. (여성이 '응'이라고 하면 당신에게 호감이 있다는 것이다. 그 원리는 설명이 아주 길어서 생략함)

남자: 나 역시 충분히 그럴 수 있다고 생각해. 사람이 어떻게 만났는가도 중요하고 얼마나 만났는가도 다 중요하지만, 가장 중요한 것은 '그 사람이 어떤 사람이냐'가 중요한 거

아니겠어? 솔직히 너를 처음 봤을 때 나는 괜찮은 애 라는 걸 느꼈어~

지현: 고마워~^^

남자: 사실 사람들은 그런 얘기 많이 하잖아. 몇 살 차이 나느냐, 직업이 어떻게 되느냐. 하지만 그런 거는 신경 쓰고 싶지 않아. <u>서로 좋아하는 감정이 더 중요하다고 생각해.</u> 아무리 조건이 좋아도 싫어하는 사람을 만날 수는 없는 건데, <u>부족한 부분이 있다면 같이 채워 나가면 되는 거 아냐?</u> (여자들은 마지막 이 말을 굉장히 좋아한다. 또한 이 문장 전체를 얘기 한다면 그녀가 당신이 최소한 백수가 아닌 아무 직장이나 다니고 있다는 사실만 알아도 이 말을 한 거에 플러스 점수를 줄 것이고, 당신의 직업이 좋으면 만점을 줄 것이다.)

지현: 응! 나도 그런 거 같아. 싫어하는 사람을 계속 만날 수는 없는 거지.

남자: ^^ 너랑 계속 얘기하니깐 왠지 편하고 정말 재미있는 거 같아. 원래 내가 낯도 잘 가리고 말을 잘 못하는데, 너랑 같이 있으니 왠지 알고 지낸 사이처럼 즐겁고 재미있어. <u>우린 잘 통하는 거 같아.</u> → 스닉토크 참조. 중간 중간에 또는 마지막에는 이런 식으로 대화를 일단락하거나 마무

리 짓는 것이 좋다.

지현: ^^ 나도!

남자: 근데 지현아, 너 운동했어? 사실 처음부터 느낀 건데 몸매가 좋은 거 같아.

지현: 아ㅋㅋ 정말? 운동은 별로 안 하는데.

남자: 특히 나는 여자의 다리를 가장 매력적이라고 생각하고 보거든. 근데 네 다리는 탄력이 있는 거 같아서 좋아.

지현: 그래? 내 다리가 예뻐?

남자: 내가 운동하는 걸 좋아해서 헬스를 4년 정도 했거든. 그래서 물어본 거야. → 우회적으로 이성적 매력을 알린다.

지현: 남자들은 운동하는 거 좋아하던데, 오빠도 운동하는 거 좋아하는구나.

남자: 나는 헬스 4년 정도 했고, 군대 있을 때 특공무술까지 했지. 오빠는 학교 다닐 때도 한 번도 져 본 적이 없는 사람이야.

지현: 우와, 정말?

남자: 응! 왜냐하면 말이야~ 항상 먼저 사과를 했거든^^ (나 일진이고 누구누구 병원으로 보냈다는 말을 하는 것보다 이런 재치가 당신을 더 돋보이게 할 것이다.)

지현: 아 뭐야ㅋㅋ 완전 웃겨.

남자: 지현이는 언제 처음 첫사랑이라는 감정을 느껴 봤어?

지현: 나는 대학교 1학년 때?

남자: 그렇구나. 난 고2 때 했거든. 근데 그때는 여자에 대해 호기심이 많을 때잖아. 그래서 '옆 학교 여중의 퀸카랑 사귀게 됐지.' 그때 알았어, 그 어린 나이에 그렇게 <u>키스가 달콤하다는 것을</u>…… 그래서 <u>지금도 키스하는 걸 좋아해.</u> → 아날로그 마킹 기법 참조. '옆에 여중의 퀸카랑 사귀게 됐지': 여자들에게 검증된 남자라는 것을 암시

지현: ^^

남자: 근데 지현이 네 입술 되게 예쁘다. → 키스를 하기 위한 사전작업

지현: 내 입술이?

남자: 입술도 다리처럼 탄력 있는데? → 유머+섹슈얼토크

지현: 아ㅋㅋ 뭐야.

남자: 어? 근데 네일아트 되게 특이하다. 그러고 보니 너는 손이 제일 예쁜 거 같아, 손 잠깐 줘 봐. → 여기서 입술 이야기를 계속 하게 된다면 거부감을 일으킬 수도 있을 것이다. 적당히 간만 보고 화제를 잠시 전환하고 스킨십을 위한 사전 작업을 준비한다.

지현: (손을 주면서) 나 손은 그렇게 예쁜 거 아닌데.ㅋ

남자: 헉~ 지현이 몸매보다 손가락이 S라인이네~ 진정한 매력은 손이었어.

지현: 손가락 S라인은 뭐야. ㅋㅋ

남자: (여성의 반지를 만지며) 고급스럽고 세련된 거 같아. 이거 무슨 반지야?

지현: 이거 친구들끼리 우정반지야.

남자: 우리 누나랑 똑같은 반지를 하고 왔네.

지현: ㅋㅋㅋㅋㅋ 아, 뭐야.

남자: 농담이야. (손을 잡으면서)손이 참 실한 게, 손이 퀸카야. 근데 기분이 되게 좋아.

지현: 왜?

남자: 강아지처럼 오빠가 손 달라니깐 손도 주고 물 달라니깐 물도 주고! → 라고 말한 후 일단 반응을 보는데 여자가 긍정적이고 순응적인 태도로 임할 때는 옆자리로 이동해 앉거나 그렇지 않을 때는 잠시 화장실에(재충전과 앞으로의 계획을 세울 겸) 간다는 핑계로 머리를 쓰다듬는 터치를 해 보고 반응을 살핀다.

지현: 그치ㅋㅋ 나 말 잘 듣지?

남자: 응, 그래서 기분이 좋아. 오빠 화장실 갔다 올 테니깐 어디 가지 말고 여기 가만히 있어. 오빠 기다리고 있어 알

겠지? (머리를 조금 쓰다듬어 준다) (어차피 내가 화장실 갔다 올 동안 자리에 앉아 있을 것인데 '오빠 기다리고 있어 알겠지?'라고 함으로써 Yes세트와 순응도 테스트를 겸 할 수 있게 된다.)

지현: 응~ (그녀의 대답은 당연히 '응'이다.)

남자: 갔다 와서 오빠가 손금 봐 줄게.

지현: 응, 알겠어.^^

화장실에 갔다 온 후 바로 옆자리에 앉아도 되고, 그때부터는 조금씩 스킨십 방법에 의해 해나가면 될 것이다. 내가 가장 즐겨 쓰는 방법은 약간 수줍은 듯이 착하고 순수한 이미지로 "나 네 옆에 너무 앉고 싶은데, 네 옆에 앉아도 돼?"라고 했을 때, 대부분의 여자들은 매우 좋아하며 거절하지 않았는데, 그런 말을 하는 나를 오히려 귀엽게 봤다.

스닉토그와 감성자극의 원리로 준비한 대화루틴과 분위기에 필요한 적절한 스토리텔링을 사용한다면, 그녀의 마음을 더 많이 얻을 수 있을 것이다.

4장

간보기 키노+
퍼펙트 스킨십 키스루틴

스킨십을 위한 사전작업을 먼저 해야 하는데, 처음 만났을 때 "반가워." 또는 "안녕하세요?"라고 하면서 악수를 한다. 그리고 액세서리와 스타일에 대한 칭찬을 하면서, 여성의 호감도를 상승시키고 같이 약속장소로 걸어가면서 그녀를 일부러 차도로 걷게 한다.

2분 정도 지난 후 차도로 걷는 그녀를 인도 쪽으로 베려하면서 팔을 감싸 안듯이 터치한다. 또한 횡단보도에서 잠시 기다리면서 잠깐 이야기를 나눈다. 그리고 신호가 바뀔 때

"건너자."라고 말하면서 팔을 살짝 터치한다.

또한 좀 더 강한 스킨십도 사용할 수 있는데, 여성의 가슴을 살짝 터치하는 것이다. 이것은 서로 호감도이 있을 때 사용하면 더 좋은 방법이다. 여성의 가슴을 살짝 터치하는 이유는 여성의 많은 성감대와 감각이 가슴에 집중되어 있기 때문이다.

먼저 약속장소까지 가면서 이런저런 이야기를 하다 문득 옛날 생각이 난다고 하면서 말을 꺼낸다.

켄신: 오빠가 사실 혜화역은 오랜만에 오는 것이라 많이 변했
　　　구나.
연주: 그래요? 무슨 일로 왔었어요?
켄신: 옛날에 동호회 정모 할 때 가끔 왔어. 여기 어딘가에 막
　　　걸리 집 정말 좋은 곳 있었는데…… 어디 있을까나?
연주: 나도 막걸리 좋아하는데!
켄신: 정말? (두리번두리번) 이 근처인데, 아 (팔을 뻗어 건물을
　　　가리키며) 저기다! (팔로 여성의 가슴을 슬쩍 스치며) 저기 예
　　　전에 정말 많이 갔었는데…… 저기 낙서도 할 수 있어. 몇
　　　년이 흘렀는데 내 이름이 지금까지 있으려나?

이후에는 그것에 대해 사과하거나 의도적이었다는 뜻을 보여서는 안 된다. 그저 아무 일 없다는 듯이 계속 걸으며 하던 이야기를 이어 가면 된다. 그냥 모르는 척하고 계속 다른 이야기를 하며 데이트를 진행하는 것이다.

지금까지 만나서 약속장소까지 이동하면서 할 수 있는 스킨십 사전작업에 대해 알아보았다. 이제는 둘만의 공간에서 할 수 있는 스킨십 방법에 대해서 알아보자.

1. 간보기 스킨십– 손잡기와 머리 쓰다듬기

간보기 스킨십에서 손잡기와 머리 쓰다듬기는 아주 중요한 스킨십이고 성적 긴장감의 전초 단계이다.

"너 말할 때 엄청 귀여워!"라고 머리를 쓰다듬어 주거나, 화장실에 갈 때는 "오빠 화장실 금방 갔다 올 테니까 여기 그대로 있어."라고 하면서 머리를 쓰다듬어 주면 좋을 것이다.

또한 마주보고 있는 상태이건, 옆자리에 앉은 상태이건 스킨십의 시작은 손을 잡는 것부터 시작한다. 손잡는 방법은 처음 손톱부터 칭찬하면서 손가락 그리고 손으로 올라가면 된다. "네일아트 색깔이 특이하다.", "손가락이 참 길다."라고 말하거나 "손이 참 퀸카다."라는 식으로 호기심이 있는 척 조금씩 터치를 하면 된다.

2. 자연스럽게 팔을 잡아 보고 어깨에 기대게 한다.

지금부터는 자리를 그녀의 옆자리로 옮겼다는 가정에서 진행한다. "넌 팔이 되게 미인이구나.", "넌 팔이 참 S라인 이야."와 같은 말로 자연스럽게 팔을 살며시 잡거나 쓰다듬 어 본다. 이 정도까진 웬만한 여자들은 허락할 것이다. 팔을 살며시 만지면서 서서히 남자 쪽으로 잡아 당겼을 때 여자가 거부하거나 힘을 준다면 비호감의 반응이기에 그만두어야 한다.

그러나 팔을 만지면서 남자 편으로 살며시 당겼을 때 저항 이 없고 남자 편으로 기운다면, 긍정의 반응이다. 이때 살며 시 다른 팔로 그녀의 등을 감싸 안으면서 머리는 내 어깨에 기대게 하는 것도 좋은 방법이다.

3. 어깨에 기대게 한 후 감성자극

어깨에 기대게 한 후 잠시 아이컨택을 하거나 또는 하는 듯한 느낌과 분위기로 감싸 안아주면서 여자에게 믿음을 주어야 한다. 그리고 무언의 교감(따뜻한 느낌)을 나눈다.

이후 마치 키스라도 할 것처럼 귓속말로 "몸에서 향기 나네? 향수 뿌렸어??"라고 하면서 그녀의 뺨과 목 주위에 향기를 맡는다.

조금씩 성적 긴장감을 끌어올리는 것이다. 이런 예비동작들이 아무 의미가 없을 것 같지만, 성적 긴장감을 끌어올리고 경계심을 허물어 준다. 또한 키스를 시도했을 때 성공할 확률이 조금씩 높아진다.

4. 키스 루틴

지금까지 아주 가까운 사이에서 아이컨택과 귓속말이 오고 갔다면, 얼굴을 만져 보라. "너 가까이서 보니깐 피부 엄청 좋은 거 같아~ 한번 만져 봐도 돼?"라고 하면서 손등으로 볼을 자연스럽게 쓸어내린다. 동시에 "너 참 예쁘다."라는 사랑 가득한 눈빛도 같이 보낸다.

조금이라도 성적 긴장감을 높이고 키스의 확률을 높이기 위해 그녀의 머리 뒷부분을 잡고 나에게로 천천히 당겨 보

라. 그러면 그녀는 자연스럽게 올 것이다.

여기서 바로 키스를 하는 것이 아니라, 나의 볼에 그녀의 볼을 마주하고 10초 정도 있게 한다. 그 상태가 되면 긴장감은 최고조에 이를 것이다. 또한 여자가 여기까지 가만히 있으면 긍정의 신호이다. 그러면 서서히 그녀의 볼과 나의 볼을 비비면서 입술 쪽으로 간다.

그래도 여자가 가만히 있으면, 긍정의 신호이다. 여기까지 왔다면 모든 단계가 다 허락된 것이다. 겁먹지 말고 2초 정도의 가벼운 입맞춤 그리고 2초 정도 잠깐의 아이컨택 후 키스를 하면 된다.

번외이기는 하지만 이런 방법도 있다. 강하고 직설적인 스타일로 하는 것이다. 직접적으로 "눈 감아 봐~!"라고 말하면서 손으로 그녀의 눈을 가린다. 그리고 서서히 입술 쪽으로 가서 가벼운 입맞춤 2~3초 정도 후 키스하는 방법이다.

5장

자연스러운 모텔 입성과
원리 기술

모텔로 가는 기술은 독립적인 것이 아니다. 단지 여성이
갈지 말지 갈등하거나 적절한 명분이 없을 때, 그것을 제시
할 수 있는 정당한 이유가 모텔 입성을 앞당기는 것이다.

그녀를 설득 할 때는 그녀의 책임은 전혀 없고 내가 피곤
하고, 술이 안 깨서, 샤워를 하고 싶어서, 잠깐 눈 붙이고
싶어서, 즉 "나 때문에 가야 하는데 나를 위해 잠깐 따라와
주었으면 좋겠다."라는 식의 명분을 제시하면 되는 것이다.

명분이 없는데도 모텔에 갔다면, 여자가 그날 스킨십에 많이 흥분했거나 당신을 많이 좋아해서이다.

여성도 스킨십을 좋아하지만, 남자와 함께 모텔에 가는 것을 어떻게 정당화하게 표현하고 명분을 적절히 만들어 자신의 책임이 아닌 남성의 책임으로 돌릴지 고민한다는 것이다.

그래서 당신이 그녀를 설득 할 때는 그녀의 책임은 전혀 없고 내가 피곤하고, 술이 안 깨서, 샤워를 하고 싶어서, 잠깐 눈 붙이고 싶어서, 즉 "나 때문에 가야 하는데 나를 위해 잠깐 따라와 주었으면 좋겠다."라는 식의 명분을 제시하면 되는 것이다.

　* 밤이 늦었는데 갈 데가 없네. 오빠 아는 곳 있어. 첫차
　　올 때까지 편안한 곳에서 맥주 한 잔 하자.
　* 오빠 술이 안 깨서 그러는데, 잠깐만 있다 가자.
　* 지금 운전하면 면허취소 되는데, 조금만 쉬었다 가자.

위와 같은 최소한의 명분이 있어야 할 것이다.

6장

모텔 입성공식 out & in
+ 반복암시 + 명분

모텔입성의 공식: zoom out & zoom in + 반복암시 + 적절한 명분 제시

넓은 범위(줌 아웃)를 제시하고 점점 좁은 범위(줌 인)로 압축해 나가는 원리이다. 처음 부담 없이 두루뭉술하게 넓은 범위를 반복적으로 제시하여 Yes를 받아내어 경계심을 해지하고, 점점 좁은 범위로 압축해 나가면서 적응시키거나 모텔 입성을 암시하는 원리이다.

예를 들어 술을 먹다가 "(어딘지는 알 수 없지만)너랑 더 있고 싶은데 우리 나갈까?" 넓은 범위를 제시했는데, "어디? 나 11시까지 집에 가야 되는데"라며 부정적인 반응을 보인다면, 다음을 모색하면 되는 것이다.

하지만 분위기도 좋고 스킨십도 다 받아주는 상황에서 "(어딘지는 알 수 없지만)너랑 더 있고 싶은데 우리 나갈까?"라고 했을 때 "네"라는 긍정적 반응이 나온다면 조금씩 범위를 좁혀 나가면서 적절한 명분으로 모텔이라는 것을 암시하고 들어가면 된다.

그럼 앞에서 말한 스킨십기술에 의해 키스까지 한 상황에서 여성이 계속 당신과 더 가까이 있고 싶어 하는 느낌이나 태도를 보인다면 다음을 이어 가도록 하라.

남자: 너랑 얘기하니깐 너무 즐겁고 말도 잘 통하는 거 같아. 시간 가는 줄 모르겠어.

여자: 저도요.

남자: 근데 밤이 늦었는데 갈 데가 없네. 너랑 더 있고 싶은데 우리 나갈까? (어딘지는 알 수 없지만 Zoom out 원리로 암

시를 주고 반응을 본다)

여자: 네.

남자: 오빠 아는 지인이 여자 친구랑 이번에 가 본 곳이 있는데 디자인도 좋고, 둘만 같이 있기에 굉장히 낭만적이래. 경치도 좋고 거기서 너랑 같이 칵테일 한 잔 하고 싶어. (칵테일은 그냥 명분이다.)

여자: 정말요? 좋아요!

남자: 아마도 우리가 더 가까워질 수 있는 결정적인 기회가 될 거야. (조금씩 더 암시를 한다.)

여자: 알겠어요.

남자: (여성의 손을 잡고) 우리 일단 나가자.

모텔까지 가는 동선과 거리는 최단이어야 하며 신속히 이동해야 한다. 여성에게 생각할 시간을 주는 것은 좋지 않기 때문이다. 또한 방이 없어 여기저기 돌아다니는 것도 둘이 처음일 때는 좋지 않다. 사람이 많은 큰길보다는 코너를 돌아서 있는 조용한 곳이 좋을 것이다.

남자: 오빠 지금 운전하면 면허취소 될 수도 있거든. 술도 깨고 피곤하니깐 잠깐만 쉬었다 가자. (Zoom in 원리. 모텔이

라는 것을 암시)

모텔 도착 후 만약 여성이 "여기 모텔이네요?"라고 물어본다면 여유 있고 자신감 있게 "응"이라고 얘기하면 된다.

그리고 모텔로 들어 갈 때는 한 치의 망설임도 없이 확신과 자신감을 가지고 바로 들어가야 하는데, 남자 먼저 들어가지 말고 여성과 같이 들어가면 된다. 만약 모텔 앞에서 본인부터 우왕좌왕 한다면 여자는 갈 마음이 있어도 사라지게 될 것이다. 남자가 확신과 자신감을 가지고 당당하게 간다면 여자는 더 편하고 부담 없이 따라 들어갈 수 있을 것이다.

결국 연애의 기술에 본질과 중심은 '자기계발'이여야 하며, 더 매력 있고 더 멋진 남자가 되기 위해 어제보다 오늘, 오늘보다 내일 더 강해지고 변화되는 나 자신을 보면서 행복해야 한다. 더불어 그 과정 속에서 점점 연애의 기술도 익히고 발전해 더 멋진 여자를 만나면서 내 라이프 스타일을 업그레이드해 나가는 것이다. 그리고 최종적인 목적은 바로 '나의 진짜 이상형을 만나서 행복하게 사는 것'이다.

7부 100% 성공 여친 만들기

1장

선수들의 함정과 연애관:
실패란 없다

당부 드리고 싶은 것은 우리 선대가 만들어 놓은 작업선수라는 이미지는 얼굴만 곱상하거나 경제적으로 무능하고 허세와 멋만 부리고 여자의 남자 친구에게 얻어맞고 다니는 가벼운 남자라는 이미지도 상당 부분 있다는 점이다.

나는 그런 이미지를 아주 경멸하며 용서할 수 없다고 생각한다. 실제로 나는 여성에게 처음 접근할 때 매우 임팩트와 포스가 있으며, 그 누구도 따라올 수 없게끔 나름 고급스럽고 남자다운 스타일을 추구하려고 노력한다. 또한 유혹을 하다가 여자에게 거절당할 수는 있어도 남자 친구나 경쟁자가 나타나 나를 공격했을 때 언제든지 제압할 수 있어야 한다.

자신감이 없는 분이라면 여러 가지 이유와 몸매 만들기 차원에서라도 이종격투기를 한번 배워 보시길 바란다. 강인한 근력과 건강한 육체에서 올바른 정신과 충만한 자신감이 생기기 때문이다. 또한 학업과 업무에도 최고가 되겠다는 인생의 뚜렷한 목표를 가지시길 바란다. 좋은 여자를 만나려면 나부터 좋은 남자가 되어야 하기 때문이다.

외모와 화술은 군인에게 철모와 총 같은 개념으로 유혹에서 꼭 필요하지만, 그 사랑을 지키기 위해서는 반드시 경제적으로 힘이 있어야 할 것이다. 나는 이 책을 읽는 많은 분들이 우리 선대가 쌓은 나쁜 이미지를 변화시켜 주실 것이라 믿는다. 즉 '유혹자=강한 남자'라는 공식이다.

유혹하고 있는 그녀의 남자 친구나 경쟁자가 얼마나 멋지든, 어떤 직업이나 사람이건 내가 더 좋을 것이라는 자신감을 가져야 할 것이고, 그렇게 될 수 있게 다양한 분야에서 최선을 다해야 한다.

결국 연애의 기술에 본질과 중심은 '자기계발'이여야 하며, 더 매력 있고 더 멋진 남자가 되기 위해 어제보다 오늘, 오늘보다 내일 더 강해지고 변화되는 나 자신을 보면서 행복해야 한다. 더불어 그 과정 속에서 점점 연애의 기술도 익히고 발전해 더 멋진 여자를 만나면서 내 라이프스타일을 업그레이드해 나가는 것이다. 그리고 최종적인 목적은 바로 '나의 진짜 이상형을 만나서 행복하게 사는 것'이다.

2장

원나잇과 섹스 그 후
대응법 + 연인모드

여자랑 사랑을 나누고 나면 그녀를 완전히 정복한 것이다. 정말 그렇게 생각하는가? 사랑을 나눈 후 남녀가 훨씬 빠르게 가까워지는 건 사실이지만, 그 이후 완전히 정복했다는 마음은 아주 큰 오산이다.

그럼 어떻게 해야 할까? 가장 좋은 방법은 '이전보다 조금 더 가깝게 지내면' 되는 것이다.

사랑을 나눈 후에도 마음을 얻기 위해 유혹하는 행위는 계속되어야 하고, 연애의 기술로 대응해야 한다. 또한 연애를 막 시작하고 난 후 두 달 정도는 무조건 연애의기술로 여자를 상대해야 한다.

그 후 당신이 실수를 해도 여자는 계속 기회를 줄 것이고 이해해 줄 것이며 용서도 해줄 것이다. 그녀를 한번 정복했다고, 또는 사귀었다고 해서 마음 푹 놓고 상대한다면, 아주 큰 슬픔이 찾아올 것이니 명심하시길 바란다.

3장

스피드 연인으로 가는
완벽한 원리

그녀와 진한 스킨십을 했건 안 했건 그것에 너무 집착하지 말기를 바란다. 최대한 빨리 그녀를 정복하는 것에 대한 개념은 다른 경쟁자들보다 앞서기 위한, 즉 선입금이나 계약금 정도로만 생각해야지, 절대 계약이 성사된 것이 아니라는 것만 알아 두라. 끝날 때까지 절대 끝난 것이 아니다.

그녀와 사귀고 싶다면, 남자로서의 확실한 카드를 보여 주어야 한다. 매력과 유혹의 단계에서는 유머와 화술, 호감과 이성적 감정을 끌어올리는 데 집중했다면, 연인으로 가는 길은 조금 다르다.

바로 '편안함'과 '신뢰'가 수반되어야 한다.

나는 분명 앞에서 남자로서 이성적 친해지기를 위한 방법을 강조했지, 믿음을 동반한 편안함에 대해서는 얘기하지 않았다. 친해지기와 편안함은 다른 것이다.

Attraction(매력) → Rapport(친밀함) → Seduction(유혹) → Comfort(편안함)

나는 이 공식이 진정 연애로 가는 가장 이상적인 공식이라고 생각한다. 물론 해외에서는 의견이 다를 수 있지만, 위에서 말하는 것이 최소한 한국에서는 '유혹 → 섹스 → 연인 → 사랑'으로 가는 지름길이라고 생각한다.

유혹의 단계에서 키스나 잠자리까지 간 후, 그다음에는 편안함과 신뢰를 추구해야 한다. 4번째 Comfort(편안함) 단계에서 오류에 빠지면 안 되는 것이, 연애의 기술을 완전히 버리고 그냥 아무 긴장감도 없이 친구나 가족처럼 편안하게 지내라는 것이 아니라는 점이다. 적당히 약하더라도 계속 유혹과 연애의 기술을 주면서 편안함을 추구해야 한다는 것이다.

시간이 지날수록 점점 더 많은 추억과 감정이 쌓일 것이고, 그러다 보면 사랑으로 가는 것이다. 많은 사람들은 사귀면 다 사랑이라고 생각하는데, 진정한 사랑의 완성은 신뢰를 넘어 비전(vision)을 같이 공유하는 것이다.

Attraction(매력) → Rapport(친밀함) → Seduction(유혹) → Comfort(편안함) → Vision(미래)

"결국 승리하는 남자"에서도 강조했듯이 편안함과 신뢰가 쌓이면 그다음 미래, 즉 비전(vision)에 대해 서로 나누고 함께해야 한다.

4 장

거절당하지 않고
내 여자로 만드는 비법

여성에게 고백하는 것을 생각하면〈로미오와 줄리엣〉에 나오는 장면을 생각한다. 여자는 2층 창문에 있고 남자는 1층 바닥에 무릎을 꿇고 앉아서 "창문을 열어 주오~!"라는 식으로만 생각한다. 과연 이것이 통할까? 그럼 나도 그렇게 해왔을 것이다.

하지만 늘 말했듯이 부정은 하지 않겠다. 통하는 여자도 있기는 있기 때문이다. 보편적으로 이런 방법은 사실 굉장한 부담감과 실패율이 있을 것이다.

왜 이 방법이 안 좋은 방법이라고 하냐면, 많은 여성들이 알지도 못하고 아무 친밀함과 신뢰도 없는 남자로부터 고백을 받는 것이기 때문이다.

"저기 예전부터 그쪽을 쭉 지켜봐 왔습니다. 당신을 좋아합니다. 저랑 사겨 주십시오."라고 한다면 대부분의 여성은 이렇게 대답한다. "그쪽 마음은 이제 알겠으니 앞으로 알아가도록 해요." 이건 여성 입장에서도 사실 황당한 일이다. 그리고 걱정과 강한 경계심을 가지고 거절한다.

구애와 애정공세를 퍼부으면서 사귀자고 졸졸 따라다니고 고백해서 억지로 사귀고 사랑까지 가는 것은 〈반지의 제왕〉 시리즈보다 더 머나먼 여정이고 길고 험난하다는 것을 기억하라.

또한 알고 지내는 사이에서 또는 유혹하는 사이에서 그녀의 반응이 좋은데데 차이는 경우가 있다.

이건 왜 이런 것일까? 〈연애의 기술〉 감정적 평행이론에서도 얘기했듯이, 처음에는 의도를 숨기고 여자에게 접근한다. 친해지면서 조금씩 감정이 올라간다. 여성의 감정이 아는 오빠에서 편한 오빠로 감정상태가 올라가면서 남자의 입장에서 보았을 때 연락하거나 만나자고 하면 반응이 아주 좋다. 그동안 노력에 대한 보상으로 이것은 남자의 눈에는 아주 가시적인 효과이다. 그리고 자신을 좋아한다고 착각하거나 확신하고 고백했다가 차이는 것이다.

그럼 어떻게 하라는 것인가?

Attraction(매력) → Rapport(친밀함) → Seduction(유혹) → Comfort(편안함)

경험상 가장 성공률이 높은 방법은 연인처럼 데이트를 하고 사랑도 나누고 서로 챙겨 주고 많은 것을 공유하면서 편안함과 신뢰를 쌓는다. 위의 4단계를 다 지나고 계속 연인처럼만 지내면 되는 것이다. 구렁이 담 넘어가듯이, 가랑비에 조금씩 옷이 젖거나 조금씩 물에 빠지게 하듯이 은근슬쩍 사귀는 사이가 되는 원리이다.

그러면 여자는 분명 이렇게 말할 것이다.

"오빠, 우리 사귀는 거 아냐?"

"우린 무슨 사이야?"

"우리 사귀지도 않는데 이렇게 지내도 돼?"

이런 말이나 반응이 나올 때 또는 이런 분위기나 사이가 될 때까지 유혹하면서 사이를 가깝게 만든 후 고백하거나 사귀는 것이 가장 성공률이 높았다.

즉, 사귀자고 정식으로 고백하고 졸졸 따라다니면서 구애를 하는 것보다 4단계까지 유혹해서 진행하고, 연인과 똑같이 데이트를 하고 사랑을 나누면서 연인모드로 발전시켜서 저 말이 나올 때나 저런 사이가 되었을 때 고백하는 것이 거절당하지 않고 사귀는 가장 빠른 길이었다.

5장

여자는 다 똑같다
번외편 ────────

　남자들이, 특히 인생 선배나 어른들이 이런 말을 하는 것을 많이 하는 것을 들어 보았을 것이다. "야 인마! 여자는 다 똑같아." 나는 앞선 서술했듯이 늘 강조했다. 아니라고!

　앞선 서술에서는 여성의 남자 이상형이나 성향만 말하였으나 섹스에 있어서도 여성들 특유의 육감도 저마다 다 다르다고 말하고 싶다. 그러나 이 육감이라는 것은 절대평가가 아니라 상대평가가 될 수도 있다는 점을 말해 주고 싶다.

　내가 셀 수 없이 많은 여성들과 원나잇을 비롯한 섹스를 해 보았지만 그 느낌과 육감은 다 달랐다. 전설로만 전해지는 최고의 육감은 정말 존재하며, 그 여성은 매우 희소성의 가치가 있다고 말하고 싶다.

만약 성격도 성향도 비슷한 키168, 몸무게55, 연예인 A 양을 닮은 일반인 여성이 1,000명 있다고 가정해 보자. 이 1,000명의 여성과 모두 잠자리를 한다면, 개개인의 육감이 모두 다르다는 것이다. 어떤 여성은 살결을 만지면 매우 기분이 좋아지고 손에 착착 감기며, 몸에 향수를 뿌리지 않지만 그 여성 특유의 체취가 난다

사실 이 말은 요즘 같은 시대에 조금 위험한 발언일 수도 있는데 굳이 정제해서라도 구체적으로 말하는 이유는 "야 인마! 여자는 다 똑같아."라고 말하는 너무나도 잘못된 연애상식이 사회적 통념이 되어, 제대로 알고 배우고자 하는 남자들을 잘못된 길로 인도하게 할 가능성이 매우 크므로 염려되기 때문이다.

많은 분들이 〈연애의 기술〉의 부록 유형별 실전예제에 대한 연락과 대화 자료를 요청하셔서 '처음 연락부터 애프터까지의 대화내용과 과정'을 더 추가하였습니다. 단 모든 내용을 수록하지 않고 줄거리 부분만 함축해서 수록했습니다.

8부 유형별 실전예제 심화편

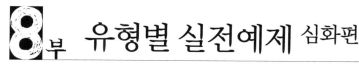

1장

퀸카녀 지하철에서
유혹하기

6월 7일

오후 9:42, 켄신 : 〈호돌이 사진〉

오후 9:42, 켄신 : 안녕하세요.^^ 친구랑 볼일 보러 잘 가
셨어요?ㅎ

오후 10:23, 가영 : 네ㅋㅋㅋ 집에 가고 있어요~

오후 10:24, 켄신 : 벌써 집 가요?ㅎㅎ 더 놀다 가시지.ㅋ

오후 10:34, 가영 : 아ㅋㅋㅋ 충분히 놀아서요.ㅋㅋㅋ

오후 10:48, 켄신 : ㅋㅋ 오늘 아침부터 일이 잘 풀리더니
방가워요ㅋ

오후 11:06, 가영 : 네ㅋㅋ 방가워요~

오후 11:06, 가영 : 오빠일 거 같다던데 몇 살이세요??

오후 11:10, 켄신 : 31살이에요.ㅋㅋ

오후 11:10, 켄신 : 타로도 안 본다는 4살 차이네요.ㅎㅎ

오후 11:15, 가영 : 아~ㅋㅋㅋㅋ

오후 11:15, 가영 : 타로가 아니라 궁합 아니에요??ㅋㅋ
ㅋㅋ

오후 11:15, 가영 : 타로 많이 보시나 봐여~

오후 11:19, 켄신 : ㅋㅋ 타로 안 봐요~

오후 11:19, 켄신 : 강남 가까이에 살아요?ㅎㅎ

오후 11:25, 가영 : ㅋㅋㅋㅋㅋㅋ아니요.

오후 11:25, 가영 : 멀어요.

오후 11:28, 켄신 : 스타일 보니깐 왠지 예대나 미대일 거
같아요.ㅋㅋ

오후 11:31, 가영 : ㅋㅋㅋㅋㅋㅋ죄송해요~ 전혀 아니
에요.

오후 11:31, 켄신 : 왜 죄송해요~ㅋㅋ

오후 11:32, 켄신 : 아니면 어때요~~저는 자영업 해
요.ㅎㅎ

오후 11:37, 가영 : ㅋㅋㅋㅋ자영업 어떤 거요??

오후 11:40, 켄신 : XXXXX쪽에 일해요.ㅋ

오후 11:40, 켄신 : 정보통신업?ㅋㅋ

오후 11:50, 가영 : 아~ㅋㅋㅋ정보통신 쪽이시구나~ㅋ
ㅋㅋ

오후 11:50, 가영 : 저는 대학원 다녀요ㅋㅋㅋ

오후 11:55, 켄신 : 지적으로 보여요.ㅋㅋ 그쪽은 왠지 성
남 쪽에 살 거 같아요.ㅋ

6월 8일

오전 12:01, 가영 : ㅋㅋㅋ 어린이 대공원 쪽에 살아여~

오전 12:08, 켄신 : 저는 사당역 근처 살아요.ㅋ

오전 12:27, 가영 : 저 사당역 쪽에 자주 가여.^^

오후 4:07, 켄신 : 하이^^ 날씨 너무 좋네.ㅋㅋ

오후 4:17, 가영 : 날씨가 너무 더워여~~~

오후 4:21, 켄신 : 그렇기는 해요ㅋ 어린이 대공원 좋던
데.ㅋ

오후 4:42, 가영 : 거기는 안 더워여??

오후 4:42, 가영 : 햇빛 완전 쨍쨍인데~

오후 4:52, 켄신 : 여기도 쨍쨍해요~ 양산 들고 다녀야겠
어요.

오후 4:56, 가영 : ㅋㅋ혹시 지금 양산 들고 있는 거 아니
져?ㅋㅋㅋ

오후 5:01, 켄신 : 마트 갈 때만(부끄)

오후 5:02, 켄신 : 사람 없을 때ㅋㅋ

오후 5:05, 가영 : ㅋㅋㅋ사람 없을 때 조심스럽게ㅋㅋㅋㅋ

오후 5:10, 켄신 : 언제 같이 쓰고 가요.ㅋㅋ 정답고 좋아
요.ㅋ

오후 5:19, 가영 : ㅋㅋㅋㅋㅋㅋ 해 보셨나 봐여ㅋㅋㅋ

오후 5:30, 켄신 : 안 해 봐서 해 보고 싶어요.ㅋㅋ

오후 5:31, 켄신 : 〈아이스크림 사진〉

오후 5:31, 켄신 : 이거 먹고 쉬세요.^^

오후 5:50, 가영 : 우와~ 이거 머예여??

오후 5:53, 켄신 : 딸기맛 아이스크림이에요.ㅎ

오후 6:07, 가영 : 오~ 색깔이 엄청 좋아요^^

오후 6:35, 켄신 : 부드러운 맛이라 그럴 거예요.ㅋ 뭐해요?

오후 6:51, 가영 : 티비 보고 있어요~

6월 9일

오전 10:35, 가영 : 오빠 뭐해요?ㅎㅎㅎ

오후 1:23, 켄신 : 밥 먹고 있지~ 밥 먹었어?

오후 2:16, 가영 : 네~ 먹었져~ㅎㅎ

오후 3:06, 켄신 : ㅎㅎ 가영아 오빠 이름 켄신이야.

오후 3:06, 켄신 : 켄신오빠라고 저장해 줘.ㅋ

오후 4:07, 가영 : 아ㅋㅋㅋ이름 잘못 알고 있었네여~ㅎㅎ

오후 4:07, 가영 : 수정했어요.ㅎㅎ

오후 4:13, 켄신 : 응응. 앞으로 계속 연락할 거니깐ㅋㅋ

오후 4:13, 켄신 : 올바르게 수정하는 게 맞지~ㅎ

오후 4:32, 가영 : ㅋㅋㅋㅋㅋㅋ그렇죠.ㅋㅋㅋ

오후 4:32, 가영 : 이름 잘못 알고 있으면 안 되죠;;ㅎㅎ

오후 5:54, 켄신 : 강남에 사람 정말 많아.ㅋㅋ

오후 5:55, 켄신 : 방학도 아닌데 애들만 있어.ㅋㅋ

오후 6:19, 가영 : 헐! 얼마나 많길래;;

오후 6:50, 켄신 : 거의 바글바글 수준?ㅋ 특히 10대들
이___

오후 6:58, 가영 : 와! 정말 많아. 하……ㅜㅠ

오후 6:59, 켄신 : 가영이는 뭐해?ㅋㅋ

오후 7:02, 가영 : 저 종로에 놀러 왔어여~ㅋㅋㅋ

오후 7:04, 켄신 : 오빠는 언제 보러 나올 거야?ㅋㅋ

오후 7:41, 가영 : ㅋㅋㅋㅋ~그러게여.ㅎㅎ 곧 있음 시험
인데;;;

오후 8:18, 가영 : 담에 시간 내서 봐여~ㅎㅎㅎ

오후 8:18, 켄신 : 응응. 나 밥 먹으러 가.ㅋㅋ 가영이도 잼게 놀아용~ㅋ

오후 8:31, 가영 : 오빠, 오늘 일했어여???

오후 8:31, 가영 : 핡;; 이 시간에 저녁~ 많이 늦었네여 ~ㅎㅎ

오후 8:38, 켄신 : 뭐 하다 보니 늦어졌어.ㅋㅋ 숭어회 먹 으러 가.ㅋ

오후 8:50, 가영 : 뭐하다 늦었길래ㅋㅋㅋㅋ 숭어회 맛있 게 드세요~ㅎㅎㅎ

6월 10일

오후 12:22, 가영 : 점심 먹었어요???^^

오후 12:34, 켄신 : 응, 오징어덮밥 먹었어.ㅋㅋ 오빠 청 주 가는길이야~

오후 12:34, 켄신 : 가영이는 밥 먹었어?ㅎㅎ

오후 12:40, 가영 : 청주??

오후 12:41, 가영 : 아니여;;; 오늘 좀 늦게 먹을 듯;;;

오후 12:50, 켄신 : 응. 볼일이 있어서ㅋ 가려니깐 피곤 해.ㅋ

오후 12:59, 가영 : 어제 술 마셔서 그래여~ㅋㅋㅋㅋ

오후 12:59, 가영 : 엄청~ 피곤하겠어요;;

오후 1:05, 켄신 : 그래서 그런가?ㅋㅋ 수업 늦게 끝났어?

오후 1:05, 켄신 : 왜 늦게 먹어~ㅎㅎ

오후 1:22, 가영 : 아직 계속 있어서;;; 늦게 먹을 거 같아여;;

오후 1:22, 가영 : 한 잔 한 잔ㅋㅋㅋㅋ 다르져ㅎ

오후 1:26, 켄신 : 왠지 가영이랑 먹으면 기분이 좋아질 거 같아.ㅋㅋ

오후 2:06, 가영 : ㅋ취해서 기분 좋은 거 아니져?ㅋㅋㅋ

오후 2:14, 켄신 : 가영이가 좋아서ㅋ 원래 술은 이쁜 여자랑 마셔야 기분이 좋아지는 거야.ㅋㅋ

오후 2:22, 가영 : ㅋㅋㅋㅋ그래여?ㅋㅋ 전 잘생긴 남자 찾아봐야겠네요~ㅎㅎ

오후 2:56, 켄신 : 오빠도 잘생긴 남자야~ㅋㅋ 마음이ㅋ

오후 3:04, 가영 : ㅋㅋㅋㅋ담에 확인해 봐야겠네여~ 호호!

오후 3:20, 켄신 : ㅋㅋ 그래. 시간 맞춰서 확인해 보자구!

오후 3:39, 가영 : ㅋㅋㅋㅋㅋ넹넹!! 그래여~

오후 10:43, 켄신 : 우리 가영이 뭐해?ㅋㅋ

오후 10:44, 가영 : 저 지금 집 가고 있어요~

오후 10:44, 가영 : 오빠는 뭐해여??

오후 11:06, 켄신 : 샤워하고 티비 보고 있어. ㅋ

오후 11:11, 가영 : 와~ 완전 편하겠네여~ㅎㅎ

오후 11:23, 켄신 : 가영아, 전화해도 돼?ㅎㅎ

오후 11:34, 가영 : ㅋㅋㅋㅋㅋㅋㅋㅋ네

6월 11일

오후 2:01, 가영 : 저 수업 끝났어여~

오후 2:06, 켄신 : 일찍 끝났네. ㅋㅋ 오빠는 일하고 있어. ㅋ

오후 2:07, 가영 : 열심히 하세요~ㅎㅎ

오후 2:14, 켄신 : 응응. 가영이는 뭐할 거야?ㅋㅋ

오후 2:14, 가영 : 시험공부 하고 있어여.^^

오후 2:35, 켄신 : 다음 주중에 한번 보도록 해. ㅋ

오후 2:37, 가영 : 다음 주 언제요?

오후 3:05, 켄신 : 일요일 어때~

오후 3:07, 가영 : 월요일날 시험 있는데 화요일 어때여? ㅋㅋ

오후 3:46, 켄신 : 응~ㅋㅋ 화요일 좋아.

오후 3:57, 가영 : 네 ㅋㅋㅋㅋㅋ

오후 7:06, 켄신 : 아, 미안. 일하다 보니~ 화요일 오후
7시에 건대역에서 보도록 해.^^

오후 7:11, 가영 : 네~ㅎㅎ

2장

디자인 전공의
승무원 준비생

8월 17일

오후 10:19, 켄신 : 〈잠자는 고양이 사진〉

오후 10:19, 켄신 : 안녕하세요.^^ 친구 잘 만나셨어요?ㅎㅎ

오후 10:22, 혜영 : 네~ㅎㅎ 방금 만났어요.ㅋ

오후 10:27, 켄신 : 근데 이미지가 세련되셨는데 미대 전
　　　　　　　　　공하셨을 거 같아요.ㅎ

오후 10:30, 혜영 : 디자인쪽 전공했어요.ㅋㅋ

오후 10:37, 켄신 : 그치? 오빠가 세련됐다고 했잖아요.ㅋ
　　　　　　　　　근데 키 크시던데 키가 몇이에요?

오후 10:41, 혜영 : 171이에요~ㅜㅜ

오후 10:44, 켄신 : 와우, 멋져요!^^ 키 큰 여자 매력 있잖
아요.

오후 10:49, 혜영 : 보통 아담한 여자들 좋아하시던데.ㅋ

오후 10:51, 켄신 : 나는 키 큰 여자가 좋아.ㅋㅋ 앞으로
계속 친하게 지내야겠어.ㅋ

오후 10:55, 혜영 : ㅋㅋㅋㅋ네, 그래요~ 근데 이름이 어
떻게 되세요?

오후 10:59, 켄신 : 켄신이에요. 켄신오빠라고 저장해 주
세요.ㅎㅎ

오후 11:00, 켄신 : 저도 이따가 볼일 끝나는데 잠깐 볼래
요?ㅋㅋ

오후 11:01, 혜영 : 음, 오늘 일찍 들어가야 돼서요.ㅠ

오후 11:02, 혜영 : 오빠, 제 이름 알아요?

오후 11:02, 혜영 : ㅋㅋㅋ

오후 11:03, 켄신 : 모르지.ㅋㅋ 궁금하긴 한데 바로 물어
보면 부담스러워 할까 싶어서^^

오후 11:04, 켄신 : 이름이 뭐야?ㅋㅋ 완전 궁금해~

오후 11:07, 혜영 : 저 서혜영이요.ㅋㅋ

오후 11:07, 혜영 : 저장시켜 놔요.

오후 11:14, 켄신 : 응. 혜영이로 저장하면 계속 연락할 수
있는 거야?ㅎㅎ

오후 11:44, 혜영 : 네ㅋㅋ 저도 저장해 놓을게요.ㅋㅋ

8월 18일

오전 12:02, 켄신 : 응응~ 이제 집에 갔겠네.ㅋㅋ 어디
살아?ㅎ

오전 12:13, 혜영 : 저 방배동이요.ㅋㅋ

오전 12:19, 켄신 : 와우 멋지네~ㅋㅋ 그곳은 참 심오한
곳이야. 내 경험상ㅋ

오전 12:19, 혜영 : 왜요ㅋㅋㅋ 우리 동네가 어때서여ㅋㅋ
ㅋㅋㅋ

오전 12:20, 켄신 : ㅋㅋ 처음 서울 왔을 때 방배동에서 길
잃었어.

오전 12:21, 혜영 : 아, 대박~ 어린이 같아여.ㅎㅎㅎ

오전 12:24, 켄신 : 사당동이랑 방배동은 가까운 편이
야.ㅋㅋ

오전 12:24, 켄신 : 근데 혜영이는 디자이너인 거야?ㅋㅋ

오전 12:30, 혜영 : 아니요. 저 승무원 준비 중이에영~ㅋ
ㅋㅋ

오전 12:45, 켄신 : 와우~ 멋지네. ㅋㅋ 잘 어울리는 거
　　　　　　　　 같아. ㅎ

오전 12:47, 혜영 : 디자인 힘들어요. ㅠㅠ 별로 안 좋은 거
　　　　　　　　 같아요.

오전 12:47, 켄신 : ㅋㅋ 낚인 거야?

오전 12:59, 혜영 : 겉모습에 낚인 거죠. ㅋㅋ 일하고 싶어
　　　　　　　　 요. ㅠ

오전 1:03, 켄신 : ㅋㅋ 죽을 때까지 일할 건데 벌써 걱정
　　　　　　　　 은~ 혜영이 인기 많을 거 같아.

오전 1:07, 혜영 : 하하하ㅋㅋ 저요? 별로 인기 없어요.

오전 1:14, 켄신 : ㅋㅋ잘됐네. 오빠랑만 친하면 되지~

오전 1:36, 혜영 : 네ㅋㅋㅋ 근데 아까 집에 가는 길이었
　　　　　　　　 어요?

오후 3:53, 켄신 : 〈아이스크림 사진〉

오후 3:53, 켄신 : 오늘 덥지?ㅋㅋ 이거 먹어. ㅎ

오후 4:31, 혜영 : ㅋㅋㅋㅋ아이스크림 고마워여~

오후 4:31, 혜영 : 이제 알바 하러 가야 돼여~ㅜㅜ

오후 6:44, 켄신 : ㅋㅋ 다음에 오빠랑 맛난 거 먹으러
　　　　　　　　 가자.

오후 6:51, 혜영 : 네. 다음요? 언제여?ㅋㅋ

오후 7:01, 켄신 : 평일에 시간 돼?ㅋㅋ 담 주 월화쯤ㅋ

오후 7:11, 혜영 : 다음 주 월화에는 약속 있어요.ㅠ

오후 7:33, 켄신 : 저녁 먹었어?ㅋㅋ 오빠는 닭발 먹으러 가.

오후 7:46, 혜영 : 아니여~ㅋㅋㅋ 시간이 없어서 못 먹었
어요.ㅋㅋ

오후 8:04, 켄신 : 오빠 마음이 더 아프네.ㅋㅋ 몇 시에 끝
나?ㅋ

오후 8:08, 혜영 : 12시에 끝나요.ㅠ 닭발 먹고 있어요?

오후 8:22, 켄신 : 응 넘 맛있어.ㅋㅋ 원래 매운 거 잘 못
먹는데~

오후 8:50, 혜영 : 저도 매운 거 잘 못 먹는데 좋아해요~
ㅋㅋㅋ

오후 9:49, 켄신 : ㅋㅋ 알바비 받으면 오빠도 맛난 거 먹
을 수 있는 거야?

오후 10:18, 혜영 : 네.ㅋㅋㅋ 비싼 거는 못 사드리지만.

오후 10:42, 켄신 : ㅋㅋㅋ 농담이야~ 말이라도 고마워.

오후 11:34, 혜영 : ㅋㅋㅋ에이, 사 드릴 수도 있는 거죠.

오후 11:46, 켄신 : ㅋㅋ 혜영이 마음도 착해. 이제 끝나
겠어~

오후 11:53, 혜영 : 이제 마치고 집 가는 중이에요. ㅋㅋ

8월 19일

오전 12:00, 켄신 : 집에 바로 갈 거야? ㅋㅋ 잠깐 볼래?

오전 12:02, 혜영 : 지금요? ㅋㅋ 나 완전 추한데; ;

오후 12:02, 켄신 : 혜영이 넘 보고 싶어! ㅋㅋ

오후 12:03, 혜영 : ㅋㅋㅋ 안 꾸며도 상관없어여? __

오후 12:03, 켄신 : ㅎㅎ 사람은 마음이 중요한 거야~ 혜
영이 착한 마음에 반해서^^

오후 12:03, 혜영 : ㅋㅋㅋㅋㅋ아니에요.

오후 12:03, 켄신 : 지금 어디야? 사당역 근처로 올래? ㅋㅋ

오전 12:04, 혜영 : 지금 가면 한 20분 걸릴 거 같은
데…….

오후 12:04, 켄신 : 택시 타고 와~ 혜영이 보고 싶어. ㅋㅋ

오전 12:06, 혜영 : 어디로 가면 돼여?

오후 12:06, 켄신 : 사당역 10번 출구 앞으로 와.^^ 오빠
지금 나갈게. ㅋㅋ

오전 12:07, 혜영 : 네ㅋㅋㅋ 이따 봐요.

오후 12:09, 켄신 : 도착하면 전화해! ㅎㅎ

오전 12:10, 혜영 : ㅋㅋㅋㅋ넹~

3장

쭉쭉빵빵녀 연락으로
연인모드

3월 21일

오후 8:46, 켄신 : 안녕하세요? 볼일 보러 잘 가셨어요?‿‿

오후 8:46, 켄신 : 친하게 지내고 싶어요. ㅎ

오후 9:26, 영은 : 네~ㅎㅎ

오후 9:27, 영은 : 이제 가르쳐 주세요.‿‿

오후 9:30, 켄신 : 25살이에요. ㅎ

오후 9:30, 켄신 : 휴학하고 자영업해요. ㅎ

오후 10:35, 영은 : ㅎㅎ 잘 갔어요?

오후 10:35, 영은 : 안전운전 하세요~~~

오후 10:40, 켄신 : 네.^^ 뭐하세요? 술 마시나요?ㅋ

오후 10:48, 영은 : 말 놓으세요 오빠신데ㅎㅎㅎ

오후 10:48, 영은 : 오늘 XX클럽에 연예인 온다고 해서

오후 10:49, 영은 : 놀러 왔어요~ㅎ

오후 10:54, 켄신 : 와우! 춤 잘 출 거 같아.ㅋㅋ

오후 11:13, 영은 : ㅋㅋㅋ '춤' 하면 저죠.

오후 11:13, 영은 : ㅋㅋㅋㅋ 아, 근데

오후 11:13, 영은 : 성함이 뭐예요?ㅎ

3월 22일

오전 12:24, 켄신 : 오빠 이름 켄신이야.^^

오전 12:24, 켄신 : 저장해 줘!ㅎ

오전 1:11, 켄신 : 아직 그곳에 있어요?ㅎ

오전 1:20, 영은 : 넹!

오전 1:20, 영은 : 연예인 온다고 했는데~

오전 1:20, 영은 : 데리고 와 주세요.

오전 1:20, 영은 : 안 와요.ㅜㅜ

오전 1:20, 켄신 : 엉?

오전 1:20, 켄신 : 무슨 말이야?

오전 1:21, 영은 : 오늘 연예인 뜬다고 하길래~

오전 1:21, 영은 : ㅋㅋㅋ

오전 1:21, 영은 : 언제 와ㅜ

오전 1:21, 켄신 : ㅎㅎ

오전 1:21, 켄신 : 오빠랑 칵테일 먹자~

오전 1:22, 켄신 : 연예인보다 100배는 더 좋을 거야ㅋ

오후 2:33, 켄신 : 〈카페모카 사진〉

오후 2:33, 켄신 : 하이~ 오늘 날씨 좋지?ㅎ 이거 한잔
　　　　　　　　 해.^^

오후 4:24, 영은 : 제 이름 김영은이에요.^^

오후 4:24, 영은 : 근데 어제 XXX 쪽에 불난 거 알아요?

오후 4:29, 켄신 : 김영은, 이름 예뻐.ㅎ

오후 4:29, 켄신 : XX에 불났어? 어디?

오후 4:29, 영은 : XX 근처 고깃집에서 났대여.

오후 4:29, 영은 : 그 시간에 저는 놀고 있었네여.ㅋ

오후 4:30, 영은 : 오빠는 술 먹고 있었네여~

오후 4:30, 영은 : 사람 안 다쳐서 다행인 듯~

오후 4:33, 켄신 : 그러게. 안 다쳐서 다행인 거 같아.

오후 4:33, 켄신 : 근데 이거 카톡 사진 외국에서 찍은 거
　　　　　　　　 야?ㅎㅎ

오후 4:34, 영은 : 아니요! ㅎㅎ

오후 4:34, 영은 : 이거 말하면 또 무슨 반응 나올지 궁금한데~

오후 4:34, 영은 : 말해 줄까요, 말까요?

오후 4:35, 켄신 : ㅎㅎ궁금한데~

오후 4:35, 켄신 : 말해 줘, 영은아. ㅋ

오후 5:05, 영은 : 생각 좀 해 보고^^

오후 6:15, 켄신 : ㅎㅎ 뭐야?

오후 6:35, 영은 : ㅋㅋㅋㅋ 뭐해요? 일합니까?

오후 6:39, 켄신 : 누나랑 백화점 왔어. ㅎㅎ

오후 6:39, 켄신 : 옷 사야 된다고 해서. ㅋ

오후 8:33, 영은 : 누나 있구나!

오후 8:34, 영은 : 하나 건졌어요? 따라가서?

오후 8:46, 켄신 : 그냥 눈 구경하고 밥 먹고 왔어. ㅎ

오후 9:30, 영은 : 누나 몇 살이세요?

오후 9:30, 영은 : 저도 동생 있거든요!

오후 9:55, 켄신 : 2살 차이^^ 동생 귀엽겠다, 말 잘 들어?

오후 10:29, 영은 : 남자예요.

오후 10:29, 영은 : 말 안 듣는데요. (흑흑)

오후 10:29, 영은 : ㅠㅠ 제가 만만한가 봐요.

오후 11:21, 켄신 : ㅎㅎ 아니야.

오후 11:21, 켄신 : 동생이 좋은 누나 몰라봐 줘서 그래. ㅋ

3월 23일

오후 1:11, 영은 : 그쵸? ㅋㅋ

오후 1:11, 영은 : ^^ 또 일주일 시작이네요.

오후 6:19, 켄신 : 영은아, 안녕!ㅎ 수업 끝났어? 뭐해~ㅋ

오후 6:20, 영은 : 저 학원이요. ㅎ 배고파요ㅜㅜ 꼬르륵
소리 날 것 같아요

오후 6:20, 영은 : 영어듣기 하고 있어요^^.

오후 6:20, 켄신 : ㅋㅋㅋ 아, 귀여워~

오후 6:21, 켄신 : 이따 따뜻한 거 먹어. 밖에 바람 많이
불어. ㅎㅎ

오후 7:10, 영은 : ㅋㅋㅋ 누가 덜 춥다고 그랬어! 오늘 얼
어 죽을 거 같아요!

오후 7:28, 켄신 : 그치? 나도 그랬어. ㅋㅋ 학원이 강남에
있어?ㅎ

오후 7:32, 영은 : 넹ㅋㅋㅋ

오후 7:36, 켄신 : ㅋㅋ 나 이제 일 끝나고 집 왔어.

오후 9:33, 영은 : ㅋㅋㅋ 바빴어요?

오후 9:33, 영은 : 마치고 프레즐 먹을 생각에 하루 종일
　　　　　　　행복했는데

오후 9:34, 영은 : ㅠㅠ 친구 집 분위기 안 좋아서 가 버렸
　　　　　　　습니다. 외롭게 집 갑니다.

오후 9:43, 켄신 : 아쉽겠어. ㅋㅋ 오늘 월욜이니 조금 바
　　　　　　　빴지. ㅋ

오후 9:44, 켄신 : 영은이는 밥 먹었어? ㅎㅎ

오후 10:09, 영은 : 방금 치킨 먹었어요. ㅎㅎ

오후 10:09, 영은 : 엄마가 요새 갱년기이신가 봐요. ^^ 원
　　　　　　　래 어머니들 다 이런 거져?

오후 10:09, 켄신 : ㅎㅎ 울 엄마도 그런데~

오후 10:09, 영은 : 스트레스 저한테 푸는데 참아야겠져?

오후 10:10, 영은 : ㅋㅋㅋㅋㅋ 아니 하루 종일 공부하고
　　　　　　　왔는데

오후 10:10, 영은 : 이게 무슨 일인지. ㅜㅜ

오후 10:10, 켄신 : ㅋㅋ 그냥 들어 주고 웃어 주고 그래~

오후 10:10, 켄신 : 엄마도 사람인데~

오후 10:28, 영은 : ㅋㅋㅋㅋ마자요~

오후 10:28, 영은 : 신경 안 쓸래여. 뭐해요, 자요?

오후 10:29, 켄신 : 영은이 스트레스 받을 때는 나랑 놀면

서 풀면 되지. ㅋㅋ

오후 10:29, 켄신 : 티비 보고 있어~ㅎㅎ

오후 10:34, 영은 : 아이스크림 먹으니까 기분 풀려요. 단
순하게~ㅋ

오후 10:41, 켄신 : ㅋㅋ 웃겨. 나도 아이스크림 먹어야
겠다.

오후 10:54, 영은 : 정말 365일 다이어트 전쟁이야.

오후 11:00, 켄신 : 영은이는 다이어트 안해도 될 거 같은
데~ 몸매 좋잖아. ㅎ

오후 11:00, 켄신 : 다리도 길고ㅋ

오후 11:40, 영은 : 네, 맞아요.

오후 11:40, 영은 : ㅋㅋㅋㅋㅋㅋㅋㅋㅋㅋㅋㅋㅋ

3월 24일

오전 12:16, 켄신 : 잘자, 영은아~ㅎㅎ

오전 12:36, 영은 : 벌써???ㅋㅋ

오후 8:08, 켄신 : 영은아, 뭐해?ㅎㅎ 오빠 광주 갔다 왔
어. ㅋ

오후 8:30, 영은 : 〈음성 메시지〉

오후 8:30, 영은 : 들려요? 친구 공연 왔어요~ㅎ

오후 8:31, 켄신 : ㅎㅎ 와우, 멋지다!

오후 8:31, 영은 : ㅋㅋㅋㅋ 보고 있는데, 굳굳!

오후 8:31, 켄신 : 오빠 들려 주려고 음성파일도 보내고 멋
져.ㅎ

오후 8:32, 켄신 : 영은이도 짱!ㅋㅋ

오후 8:48, 켄신 : 근데 영은아, 이번 주말에 뭐해?

오후 9:42, 영은 : 완전 다 깨졌는데?ㅋㅋㅋ

오후 9:42, 영은 : 이번 주 엠티 가요~

오후 9:43, 켄신 : 괜찮던데~ㅎ

오후 9:43, 켄신 : 정말? 영은이 보고 싶었는데.

오후 10:01, 영은 : ㅋㅋㅋㅋ 다담주 비워 놓을게여~

오후 10:16, 켄신 : ㅎㅎ전화해도 돼?

오후 10:29, 영은 : 지금

오후 10:29, 영은 : 하면

오후 10:29, 영은 : 될

오후 10:29, 영은 : 거

오후 10:29, 영은 : 같

오후 10:29, 영은 : 은

오후 10:29, 영은 : 데

오후 10:29, 영은 : 왜

오후 10:29, 영은 : 안

오후 10:29, 영은 : 봐

오후 10:29, 영은 : 요

오후 10:29, 영은 : 추

오후 10:29, 영은 : 운

오후 10:29, 영은 : 데

오후 10:29, 영은 : ㅜ

오후 11:26, 영은 : 자요?^^

오후 11:29, 켄신 : 샤워 했어~

3월 26일

오후 5:14, 켄신 : 영은아 프사 바꿨네? 예뻐. (부끄)

오후 5:50, 영은 : 오빠 머해요?^^

오후 6:57, 켄신 : 그냥 이것저것하고 있어ㅎ 학교 끝났어?

오후 9:47, 영은 : ㅋㅋ 신촌 도착!

오후 9:47, 영은 : 칵테일 먹는 중

오후 9:47, 영은 : 〈먹고 있는 칵테일 사진〉

오후 9:48, 켄신 : ㅎㅎ 닭 모양 귀엽네~

오후 9:48, 켄신 : 맛있겠다. ㅋ

오후 9:54, 영은 : 〈셔츠 사진〉

오후 9:54, 영은 : 오늘 옷 샀당!

오후 9:54, 영은 : 11만 원 질렀어요.

오후 9:54, 영은 : ㅋㅋㅋㅋ

오후 9:54, 영은 : 어울려??

오후 9:55, 켄신 : 응, 예뻐. ㅋ 풋풋해 보여. ㅋ

오후 9:56, 영은 : 풋풋하다고?ㅋㅋㅋ

오후 9:56, 영은 : 오빠 만날 때

오후 9:56, 영은 : 이렇게 입고 갈게요^^!

오후 9:56, 영은 : ㅋㅋㅋ

오후 9:56, 영은 : 며칠 고민하다 산 거예요.^^

오후 9:59, 켄신 : 셔츠 말하는 거 맞지?ㅎ

오후 10:00, 켄신 : 영은이는 반바지도 잘 어울릴 거 같아. ㅋㅋ

오후 11:37, 영은 : ㅋㅋㅋㅋㅋ넹

오후 11:37, 영은 : 셔츠에 반바지 콜?

오후 11:43, 켄신 : 콜!ㅎㅎ

오후 11:43, 켄신 : 영은이 사진 보니깐 넘 잼있어. ㅋㅋ

오후 11:47, 영은 : 사진???

오후 11:47, 영은 : ㅋㅋㅋㅋㅋㅋ

오후 11:47, 영은 : 저 술을 마셔서

오후 11:47, 영은 : 지금

오후 11:47, 영은 : 오빠한테 생각 안 하고 말할 거 같은데

오후 11:47, 영은 : 이해해 주세요. ㅜㅜ

오후 11:48, 켄신 : ㅎㅎ 넘 많이 먹지는 마~

오후 11:48, 영은 : 넴 ㅎㅎ ㅜㅠ

오후 11:48, 영은 : 저 이제 말 놔도 되요??

오후 11:49, 켄신 : 응~

오후 11:49, 켄신 : 그렇게 해. ㅋ

오후 11:49, 영은 : 응. ㅋㅋ 친구 동기화했는데

오후 11:50, 영은 : 이름 바뀌길래

오후 11:50, 영은 : 차단한 줄 아랏어.

오후 11:50, 켄신 : ㅋㅋㅋㅋ

오후 11:51, 영은 : 왜 웃어요. ㅜ

3월 27일

오전 12:06, 켄신 : 〈보약 사진〉

오전 12:07, 켄신 : 웃겨서 ㅋㅋ 이거 먹고 술 깨셩. ㅋ

오전 12:07, 영은 : 이거 먹자고???

오전 12:07, 영은 : ㅋㅋㅋㅋㅋㅋ

오전 12:07, 영은 : 술 안 취했어요~

오전 12:07, 영은 : ㅋㅋㅋㅋㅋㅋ

오전 12:07, 켄신 : ㅎㅎ 그렇구나~

오전 12:07, 영은 : ㅋㅋㅋㅋ

오전 12:07, 영은 : 정말인데;

오전 12:08, 영은 : 오빠 XX클럽 올래요??

오전 12:13, 켄신 : 지금?

오전 12:14, 켄신 : 친구랑 있지 않아?

오전 12:23, 영은 : 4시 콜~?

오전 12:33, 켄신 : 응.^^ 영은이 보고 싶어.

오전 12:39, 영은 : 나 두고 자면 안 되여.

오전 12:41, 켄신 : 알겠어ㅎ 영은이 피곤하니깐 칵테일
한 잔 하고 좀 쉬고 그러자. ㅋㅋ

오전 12:52, 영은 : ㅋㅋㅋ 오키오키!

오전 12:54, 켄신 : ㅎㅎ 응, 이따 봐요.

오전 1:05, 영은 : 그래요. ㅎㅎ

오전 1:45, 영은 : 맥주 먹으러 갈래요??

오전 1:45, 영은 : 모닝 맥주

오전 1:46, 영은 : 〈맥주 사진〉

오전 1:46, 켄신 : ㅎㅎㅎ

오전 1:46, 켄신 : 친구 보내고 연락 줘~

오전 1:46, 영은 : ㅋㅋㅋ네.ㅎ

오전 1:47, 영은 : 일단 나갈 때 연락할게요.

오후 1:48, 켄신 : 응^^

수많은 남자분들이 질문하는 것 중에
선택적으로 강결하게 답변하도록 하겠다

부록 　실전 유혹기술서

남들이 주도하는 인위적인 커플

질문

제가 군대 갔다 와서 2년 어린 여자 후배랑 같은 학년으로 수업을 듣고 있습니다. 그 후 며칠 뒤 그 후배가 자신이 있는 연구방에 들어오라고 추천해 주었습니다. 그래서 교수님과 면담 후 연구방에 들어가게 되었죠. 형들과 누나들도 좋고, 모르는 과목 조언도 받을 겸 들어갔죠. 그 후배에게 관심도 있었습니다. 연구방에 들어온 후, 남들에게 하는 것과 달리 잘 챙겨 주고 자신이 정리한 노트 등등을 공유해 주었습니다.

그리고 형들이 장난으로 저에게 농담하면, 그 후배가 절 옹호해 주기도 했습니다. 그리고 매번 밥 드셨나, 통학이신데 집 언제 가시나 등등을 물어보고, 어제는 밥 못 먹었다고 하니 밥 먹으러 가자고 후배가 사 주더라고요.

게다가 누나 형들이 자꾸 저랑 후배를 엮고 있습니다. 칠판에 '제 이니셜 ♥ 후배 이니셜'을 쓰고 가고, 후배는 그럴 때마다 아니라고 말합니다. 어제는 또 누나들이 걔가 너 좋아한다고, 모르는 문제 후배한테 많이 물어보라고 하더라고요.. 무슨 제 얘기를 하면 얼굴이 빨개진다나……

근데 잘 모르겠어요. 선배들이 장난치는 거일 수도 있으니……. 그 후배가 저한테 관심 있는 걸까요?

유혹과 연애라는 것은 오른손이 하는 유혹을 왼손이 모르게 하는 것이 정석입니다. 내가 이 여자를 좋아한다, 찍었다라고 설치는 사람치고 제대로 되는 사람 거의 없습니다.

또한 저는 〈유혹의 기술〉에서 우두머리 여성이나 리더를 내편으로 만들라고 강조했지만, 그것은 그녀가 나에게 무관심할 때 유혹하기 위한 사전작업입니다. 주변에서 사귀어라, 사귀어라, 하고 보도판에 '이니셜♥이니셜'을 쓴 것처럼 내가 필요에 의해서 인위적으로 만든 상황이 아닌 남이 만들어 낸 상황은 최대한 배제하셔야 합니다.

실제 이런 상황에서 의외로 본인은 정작 고백하고 거절당하고 주선자나 바람잡이를 했던 사람과 이루어지는 경우도 있기 때문입니다. 그것은 사실상 주선자가 그녀의 마음을 떠보기 위한 함정에 당신이 희생양이 된 것일 수도 있기에 그렇습니다.

그러니 스스로 계획되고 의도하지 않은 주변에서 밀어주기 식은 최대한 배제하시고, 그녀에게 1:1로 칼리브레이션을 하면서 유혹을 하시는 것이 가장 좋은 방법입니다. 비밀 연애가 서로에게 좋고, 사랑을 더 잘 지킬 수 있습니다.

'유혹자=강한 남자'의 정확한 뜻

질문

켄신님이 말씀하시는 '유혹자=강한 남자'라는 정확한 뜻이 싸움을 잘해야 한다는 것인가요? 저는 그러고 싶지 않은데, 강한 남자의 정확한 뜻이 무엇인지 구체적으로 알려 주세요.

답변

일단 말씀드리고 싶은 것은 남자는 자신이 원하든 원하지 않든 싸워야 할 때는 싸워야 하며 반드시 이겨야 한다는 것입니다. '유혹자=강한 남자'라는 것은 내가 유혹하는 여성을 경쟁자로부터 최소한 방어할 수 있어야 하고, 내 여자를 지킬 수 있는 총체적인 능력을 말하는 것입니다.

상담자님께서 말하시는 싸움이라는 측면만 보아도 입만 살아서 나불거리고 작업멘트나 날리는 그런 가벼운 남자는 유혹의 기술자도 연애의 고수도 아닌 그냥 하급 작업남입니다. 그런 남자는 누구나 만만하게 볼 것이고, 저 역시도 그런 사람이 좋아하는 여성에게 찝쩍거린다면 나의 가치와 매력, 유혹의 기술로 경쟁하는 것이 아니라 쉽게 협박이나 완력으로 제압해 버릴 것입니다.

그러니 최소한 그런 남자는 되기 말라는 뜻입니다. 모든 면에서 높은 능력과 가치를 위해 노력하셔야 할 것입니다. 저 역시도 주변에 저보다 잘난 사람이 아주 많습니다. 그러나 나만의 매력과 가치와 능력을 추구하고 어필하기에 여성들에게 선택받는 것입니다.

여자가 남자를 좋아할 때 하는 심리

질문

안녕하세요? 그저 연애에 고민 중인 남자인데요. 제가 좋아하는 여자가 한 명 있습니다. 그 여자도 약간은 저한테 호감이 있는 거 같기도 하고요. 그래서 처음엔 카톡을 몇 번 주고받았는데, 제가 질문을 할 때 단답형으로 오기도 하고, 가끔은 길게, 약간의 애교도 넣어서 하는 거 같기도 하고.

다른 남자들한테는 잘 웃고, 먼저 말 걸기도 하고 그러는데, 저한테만 잘 웃진 않고 여러 명이 같이 있을 때만 웃어주더라고요. 이거 저에게 호감이 있는 건지, 없는 건지 너무 심란합니다.

답변

결론만 말하면 딱히 좋아하는 건 아닌 것 않습니다. 어딜 보아도 여성이 남자에게 호감이 있는 면이 없습니다. 저는 이런 모든 고민에 하나의 기준을 제시하고 싶습니다.

여자가 남자를 좋아할 때 심리 요건
아이컨택을 자주한다.
나에게 늘 미소를 띤다.
연락이나 만남의 반응이 아주 좋다.
호의를 베푼다.
데이트 비용 부담과 스킨십에 전혀 거부감이 없다.
의견 충돌 발생 시 논리적인 설득과 반박보다 긍정 및 기분 좋은 합의를 제시한다.

나에게만 이런 반응을 보인다면 호감이 큰 것입니다. 여성은 좋아하는 남자에게 튕기거나 무관심한 모습은 보이지 않습니다. 제가 말한 기준에서 당신에게만 보내는 그 반응만큼 좋아하는 것이며, 반응이 작은 만큼 호감이 작은 것이며, 없으면 아무 감정이 없는 것입니다. 이외에는 아무것도 없습니다. 남자들이 혼자 착각으로 다 만들어 내는 것입니다.

오히려 위 내용에 여성의 심리는 "뭐지? 인맥형성 하려고 조금 잘해 주었더니 내가 자기를 좋아하는 줄 착각하나?"라고 생각할 가능성이 높습니다.

썸타는 여성의 갑작스러운 이별 통보

질문

3개월 정도 만나면서 꾸준하게 호감도가 나왔고, 키스까지 한 상태였는데요. 갑자기 회사 사정이 안 좋아지면서 여자가 바쁘게 되었습니다. 전화통화를 해도 예전과 다른 힘없는 목소리에 연락도 잘 안 되고, 얼마 전에 만나기로 약속을 잡았었는데 전날 밤에 장문의 카톡이 오더라고요. 요지는 "고맙고 미안하다. 앞으로 연락 못할 거 같아. 예의 없는 것은 알지만 좋은 사람 만나길 바란다."라는 내용이었습니다.

답변

일단 제가 드리고 싶은 말은 키스라는 것은 아무 의미도 없다는 것입니다. 섹스라는 증표 외에는 그 어떤 것도 좋아하는 사이가 아닙니다. 또한 여성을 많이 만나 본 사람이라면 공감하겠지만 ,섹스를 아무리 많이 해도 하루아침에 떠나는 것이 여자입니다. 그러니 키스 같은 스킨십은 아무 의미가 없습니다.

이런 경우는 그동안 만나 오면서 점점 내 남자의 이상형에 부합하지 않는다고 확신해 갔을 가능성이 높습니다. 처음에는 호감에 이끌렸지만, 어느 시점에 환상이 깨지거나 비호감의 요소가 있어서 점점 호감이 떨어져 고민 끝에 이별하기로 마음먹은 것 같습니다.

제가 앞에서도 서술했지만, 섹스나 연인이 된 후에도 마음을 얻기 위한 매력과 유혹의 행동은 계속되어야 하며 편안함과 신뢰를 구축하더라도 매력을 보여 주지 않는다면 이별을 통보받게 됩니다. 그래서 매력의 요소위에 편안함과 신뢰를 추구해 나가야지, 매력과 유혹하는 행동을 배제하고 편안하게 지내는 것이 아님을 말씀드립니다.

좋았던 첫 반응과 달리 연락을 피하는 이유

질문

너무 마음에 드는 여성을 길거리에서 알게 되어 연락처를 받았는데요. 연락처를 물어볼 때는 너무 반응이 좋았는데, 연락을 하니 이모티콘도 없고 2번 정도 주고받다가 수신이 끊겼습니다.

답변

첫 번째는 당신이 아무리 진심으로 연락처를 물어보더라도 여성들 중에서는 이런 식의(길거리 헌팅) 만남을 굉장히 안 좋게 또는 비정상적으로 생각하는 여성들이 있을 것입니다. 나는 이런 식으로 남자 만기는 싫으며 파티나 왠지 멋진 곳에서 운명적으로 만났으면 하는 생각이 강합니다.

두 번째는 남자가 자신에게 연락처를 물어보는 것 자체에만 기쁜 것입니다. 당신은 별로인데 "모르는 남자가 나 좋다고 연락처를 물어보네? 난 죽지 않았어. 신난다." "이 모습을 지인이나 내 친구들이 봐야 되는데."라고 하는 심리입니다.

여성의 남자선택권과 사회적 책임

질문

제가 소중하게 생각하는 여자 사람 친구가 있는데, 요즘 너무 힘들어하는 것 같습니다. 그 이유는 예전 동아리에 다른 선배랑 썸을 타다가 둘만의 소중한 일을 그 선배가 갑자기 폭로하면서 상처를 받은 것 같습니다. 연인은 아니지만, 내 여자 사람친구의 마음을 위로하는 방법은 없을까요?

답변

저는 연애 초보시절, 학교를 다니면서 많은 여성들을 만나면서 같은 교양수업이나 동아리, 옆 학과의 여성을 유혹하고 잠자리를 했을 때 ,절대 여성의 허락이나 동의 없이는 우리가 특별한 사이라는 것을 발설하지 않았습니다. 그녀가 비록 그 후 나 아닌 다른 남자를 선택하더라도 복수심에 폭로하면서 그 연애를 훼방하지 않았는데, 그 이유는 바로 여성에게도 스스로 남자를 선택할 권리가 있다는 것을 인정해 주었기 때문입니다.

즉, 여성도 이 남자와 잠자리를 한 후 별로다 싶어서 다른 남자를 선택할 수 있는 권위를 인정해 주었다는 것입니다.

나는 우리 어린 대학생들이 사회적 경험과 덜 성숙된 의식으로 너무나 많은 잘못과 실수를 한다는 것에 늘 아쉬움을 느끼며 조금 더 성숙한 유혹과 연애의 의식을 가졌으면 좋겠습니다.

스스로 남자 선택권을 인정하지 않더라도 여성과 잠자리를 폭로하는 일부 정신 나간 남자들이 있는데, 그런 남자가 있다면 친구나 선후배로서 교육하고 가르쳤으면 좋겠습니다. 그 것은 소중한 추억이니 너 혼자만 간직하라고 말입니다.

우리 문화는 우리 스스로 만드는 것입니다. 만약 정말 좋아하는 여성이 그런 일로 인해 잠재적 남자 친구를 더 이상 같은 학교의 학우로 선택하지 않는다면, 여러분들은 매우 슬퍼지거나 연애하기 더더욱 어려워질 것입니다.

어떤 형태로든지 우리가 만든 잘못된 문화는 결국 우리 남자들에게 부메랑이 되어 돌아오니, 주변 사람들과 성숙된 의식을 키워 나가야 할 것입니다.

Attraction(매력) + Approach(접근) → Rapport(친해지기) → Seduction(유혹) → Comfort(편안함) + Trust(신뢰) → Vision(미래)의 단계에서 〈연애의 기술〉과 〈작업의 정석〉은 Rapport(친해지기) + Seduction(유혹)에 해당한다. Attraction(매력) + Approach(접근)은 후속작에서 심층적으로 다루도록 하겠다.

〈모태솔로 탈출 작업의 정석〉에 있는 개념과 이론은 매우 방대한 분량이며 저자가 만들어 낸 독창적 기술들까지 합쳐서 제대로 설명하면 500페이지를 넘길 것이다.

또한 나의 이름을 걸고 하는 것이니 한 권을 내더라도 완성도를 높이는 것이 중요했는데, 유혹의 기술자이자 전문가인 나 혼자 이 많은 분량의 내용을 압축하고 독자들이 읽기 쉽게 재해석하는 것은 거의 불가능한 일이었다.

그러나 나를 진심으로 응원해 주고 믿어주시는 소중한 분들이 있었기에 그분들을 생각하며 집필하게 되었다.

원래 책 제목 〈Speed Skill-작업예술가〉를 집필하게 된 이유는 많은 분들이 여자에 대해 너무 모르고, 여자랑 할 말이 없다는 사실 때문이었다. 그래서 조금이나마 도움을 드리고자 여자를 상대하는 유혹의 기술들을 집대성하여 책을 만들었다.

여자들이 남자들을 통해 얻고 싶어 하는 것이 진정 무엇인지를 알고 여자는 근본적으로 어떤 존재인지를 아는 것이 유혹의 기본이다. 적을 모르면 적과 싸워 이길 수 없는 것과 같은 이치이다.

남자로 태어나 자신이 좋아하는 여자를 만난다는 것은 가장 의미있는 일이고, 인생에 있어 무척 큰 비중을 차지하며 절대적 영향력을 발휘할 것이다.

따라서 많은 분들이 연애에 눈을 떠 더 좋은 사랑을 이루어 나가길 기원하고, 일이 잘 풀리지 않는다고 너무 속상해하지도 슬퍼하지도 마시길 바란다. 필자가 집필한 세 권의 책을 모두 읽고 연애의 기술대로 노력한다면, 분명 좋은 결과가 있을 것이다.

많은 사람들이 여자와 빨리 잠자리로 가는 것을 스피드 스킬이라고 생각하지만, 내가 약속하는 것은 여자랑 빨리 친해지는 것이 가장 빨리 잠자리로 가는 첫걸음이라는 것을 말해주고 싶다. 모든 유혹이나 연애의 기술의 근원은 심리학에서 나온다고 볼 수 있다. 즉 인간에 대한 연구에서 출발했다는 것인데, 유혹과 연애의 기술도 인간관계의 하위개념으로서 결국은 '친해지기'에 모든 기술이 숨어 있기 때문이다.